Relation

DES TROUBLES EXCITÉS

PAR LES CALVINISTES,

DANS LA VILLE DE ROUEN,

DEPUIS L'AN 1537 JUSQU'EN L'AN 1582;

ÉCRITE PAR UN TÉMOIN OCULAIRE,

Et anciennement conservée dans les Archives de la Cathédrale.

✳

PUBLIÉ, POUR LA PREMIÈRE FOIS,
D'après une copie du XVIIe s^e,
insérée dans un Ms. de la Bibliothèque de Rouen ;

PAR ANDRÉ POTTIER,
Conservateur.

✳

ROUEN,

E. LE GRAND, ÉDITEUR,
RUE GANTERIE, 26.

—

1837.

PUBLICATION

DE LA REVUE DE ROUEN

ET DE LA NORMANDIE.

IMPRIMÉ PAR NICÉTAS PERIAUX,

RUE DE LA VICOMTÉ, 55.

Relation de ce qui s'est passé à Rouen,
pendant les troubles arrivés l'an 1562,
au sujet des Calvinistes; dont le
manuscrit a été communiqué
par le sieur Pellehaistre,
Bibliothécaire de la
Cathédrale de
Rouen.
(Sic.)

CHAPITRE PREMIER.

Voyant les énormes et exécrables crimes, commis dans la ville de Rouen, et au territoire d'environ, à 700 lieux en la ronde, par les hérétiques Calvinistes, ennemis de Dieu, de notre foy et de toutes vertus; ennemis du Roy, de la loy, du repos, et de toute république; aussy, aprés avoir ouy tant de discours des vrais auteurs, tant antiens que modernes, lesquels ont laissé par escrit les grands désastres commis par les hérétiques antiens, sur les temples, tant sur Juifs, Gentils, que Crestiens, je ne trouve point avoir commis crimes, sur les églises et sur les crestiens, sy horribles ny sy exécrables, comme ont fait ces Calvinistes, depuis le mois d'avril 1562, avant Pasques, jusqu'en l'an 1580.

Que tous ceux qui font profession des lettres, et qui sont amateurs de l'amour des neuf filles de Jupiter, par lequel j'entends Dieu nostre père , entendent bien mes propos. Par quoy, bénévoles lecteurs , voyant comme j'ay dit les misérables désastres et crimes commis en la ville de ma nativité , esmeu d'une médiocre affection , avec une meure délibé- racion , j'ai bien voulu laisser à la postérité ce que j'ai veu commettre, non sans la grande tristesse de mon cœur, n'en ayant grand apetit de vengeance , laquelle Dieu veuille, par sa grace , faire sur ceux qui ont commis ces crimes ; et en luy priant aussy que l'innocent qui regrette son honneur ainsy ne se polluë, et ne soit pas participant d'icelle ven- geance. La ville ou le chasteau, lesquels sont scituéz sur la montagne, ne peuvent estre cachéz à nos yeux ; aussy ces œuvres , commis par les hérétiques Calvinistes, sont si éminents que les plus ignorants les voyent ; mais de tout combien qu'il y ait grand cause de frémir d'esbahissement , il faut songer qu'on ne trouva jamais , en une espine, grappe de raisins , ni des figues croistre en des ronces.

Or, pour commencer ce présent discours, advenu en notre ville de Rouen et aux environs , je veux déclarer préalablement les moyens , malices et desseins cauteleux que ces Calvinistes ont cherchez , pour parvenir à leur période ; et tous ceux qui les ont veu faire commé moy me seront tesmoins de vérité. La vierge Astrée, grandement honorée entre nous, lorsque telles gens entrèrent en nostre ville, s'envolla tout quand et quand au ciel , et au lieu d'elle amenèrent la hideuze discorde, faisant acroire aux ignorants que c'estoit vérité. Nous sçavons bien que la dis- corde est suivie de mensonge, de trahison et de procès, lesquels luy servent de pages. A leur veue le silence fut esteint, et le repos s'enfuit ; alors allèrent au Palais Royal, en Viconté, en Baillages, mesme par aucunes parrois- ses, esglises et maisons de ceste ville de Rouen , et y semèrent plusieurs livres de cinq à six feuilles. Voila le coup d'essay dont j'ai la première connoissance. Ce jour là, les portes de la ville furent fermées. Cependant on cherchoit par les hostelleries et autres lieux, pour prendre lesdits semeurs de livres. Plusieurs en furent scandalizés et troublés , voyant les blasphêmes qui estoient en ces petits livres, qui furent semés au mois de décembre 1537. Ils sont enfans de ténèbres , et , pour cette cause , ils semèrent ces livres aux jours courts.

Quelque temps devant, il fut veu , en un soir, une merveilleuse comète et non accoustumée de voir, laquelle estoit comme une vache qui avoit des trions (*mamelles*); elle montroit de grands flambeaux ; elle venoit de devers la France, et passa lès Rouen, du costé de la forest de Lessard, et alloit en tirant vers la mer et le pays d'Angleterre. Et, depuis ce temps, ces Calvinistes ont trouvé moyen de merveilleuse cautèle. Voicy qu'ilz ont fait : aux environs de Rouen les plus compagnables, ils se sont adressez comme bonnetiers, menisiers, brodeurs, orfèvres, chapelliers et tondeurs de draps. Voilà les mestiers dans la ville ausquels il y a le plus de compagnons. Aussy, à la vérité, lesdits mestiers ne peuvent estre faits sans grand nombre de gens, attendu que de toutes parts marchands viennent à Rouen, pour avoir lesdites sortes de marchandises. Or, par le menu, avec des libraires qu'ils avaient à leur poste, et par des gens desdits mestiers, ils semoient des livres, de compagnon à compagnon ; et avoient un jargon par lequel ils s'entrentendoient, environ comme celuy des coupeurs de bourses, qui portent fausses espiceries dans les villages, pour tromper les ignorants ; et aussy comme ceux qui sement des fausses pièces, quand ils trouvent leurs innocents qui ont haste d'avoir leur part à ce qu'ils voient recueillir. J'escris ceci pour admonester les simples, afin de se donner de garde de telles gens, qui entendent toute la malice du monde, pour decevoir les simples ignorants.

Or, après avoir quelque peu imprimé au cerveau de l'ignorante jeunesse, par telles menées, où je m'assure de n'avoir que bien peu veu de gens antiques d'aage qui se soient emportés, ainsy qu'ont fait tant de jeunes gens ; voyant ces Calvinistes qu'on leur prestoit l'oreille, secrettement venoient de Génève, à la file, et clandestinement aportoient leurs impressions dans des balles, de forme de marchandise qui vient de Lion, ce qui a esté descouvert plusieurs fois ; je ne scay quelle justice on en a fait. Et ont tant fait par leurs menées, qu'ils ont premièrement, aprés que aucunes gens voluptueux et mal vivants leurs ont presté ayde et faueur de conventicules clandestinement, en plusieurs maisons de nostre ville de Rouen. Je suis certain que j'ay ouy dire à aucuns des jeunes pigeons qu'ils ont atrapés, il y a plus de vingt ans, qu'on verra quelque jour qu'il viendra des merveilles, et qu'il iroit bien autrement ; et commençoient desjà à médire des ecclésiastiques, et les menaçoient.

En ce temps là, il en fut trouvé quelques uns qui mangeoient, le jour du vendredi saint, un chevreau. Il y avoit des vielles, et faisoient vie de volupté, avec chanteurs. Il en fut brulé une partie d'iceux. De-

puis , comme toute mauvaise herbe prennent plutôt accroissement que
les bonnes, ainsy la grande multiplication des vices court et acroist
plus que les vertus ; et, comme nostre seigneur Jesus Christ nous dit que
les enfans de ténèbres sont trop plus agiles d'esprit et prompts , en
leur dol et grande cautelle , que ne sont pas les enfans de lumière, aussy
ont les Calvinistes , avec une merveilleuse dilligence, poursuivy leurs
très damnable hérésie ; et voyant que le peuple, curieux et fort adonné
à volupté, sans considération de sa future ruine, les écoutoit, ils ont bien
osé faire des monopolles contre les édits des roys.

Il faut entendre qu'ils avoient carteniers, antiens, centeniers et dixe-
niers, et faisoient faire leurs semonces nocturnes quelquefois avec un
sublet (*sifflet*) à moutardier , quelquefois avec une lanterne où estoit em-
preint une lune ; quelquefois par un vallentier [1] ou par un bonnetier.
Un d'entreux m'a dit que , du commencement, ils n'estoient pas plus que
vingt ; c'estoient des plus hardis ; et celuy qui estoit le ministre , estoit toujours de quelque mestier. S'ils avoient demeuré quinze jours en un quar-
tier, quinze jours après ils alloient demeurer en un autre ; et, ce
faisant, advertissoient, en chantant, plusieurs personnes ; aussi , avec
leurs parolles mielleuses et blandissantes ils ont alléché ceux qui sont
adonnés à curiosité et à leur plaisir ; autres avec un chant composé
d'un de leurs poëtes , lequel a esté l'inventeur du nom de Papiste ; lequel chant tient plus de mondaine vanité et de chant lubrique que du
chant ecclésiastique. Cela en a beaucoup attiré auprès soy.

Depuis qu'ils ont veu que le nombre d'entreux croissoit, leur hardiesse acroissoit à l'advenant ; et, ayant attiré quelques officiers de
non valleur, ils commencèrent en la parroisse de Saint Godard , où ils
desrobèrent, environ l'an 1540, la custode où estoit le corps de
Jésus Christ. L'argent, ils le vendirent à un changeur , lequel, pour
l'avoir recelé et cicelé (*ciselé, coupé*), fut pendu devant sa boutique.
A la fin, deux autres qui avoient commis le crime furent pendus, quelque
temps après avoir esté trouvez, et leurs corps bruslés. A l'exécution
on connust bien ce qu'ils avoient au ventre, car l'un des deux demanda
du pain et du vin , et faisoit la singerie que font les Calvinistes, en leurs
sinagogues.

---

[1] Pommeraye, qui cite ce passage (*Histoire de la Cathédrale*, p. 90), écrit
Valencier ; nous ignorons ce que ce mot signifie.

Environ ce temps, quelque noble homme natif de Rouen, changeur de son état, avoit fait dresser, sur le chemin de Paris, un trait de balle par de là le mont Sainte-Catherine, une fort belle croix de bois, de laquelle la hauteur avoit bien 150 pieds; le crucifix, qui estoit attaché au bois, avoit pour le moins la grandeur d'un hault homme. Environ 1541, ces surveillans calvinistes furent visiter de nuit icelle croix, et la sièrent par le pied. Et je croy que ce qui leur fit faire cela, c'estoit pour ce que maintes dévotes personnes, en revenant de pérégrination, se alloient prosterner à deux genoux, devant ladite croix; et là, en grande dévotion, faisoient leur oraison. Delà ils furent visiter l'église de Blosville, dit Nostre Dame de Bonsecours, et là ils desrobèrent ce qu'ils trouvèrent de bon pour argent, et rompirent tout d'une vóye quelques images. Bientost après l'archevesque dudit Rouen vint et fit redresser ladite croix, et la fit barrer de fer, avec des cloux. Quant à ceux qui ont commis ce crime, [ils] furent poursuivis au chemin qui mène à Genève, mais ils ne furent pas prins. Voyant que cela se passa ainsy, bientost après, au grand portail de Saint Maclou, ils firent attacher quelques placards diffamatoires, et brouillèrent une image nouvellement racommodée du peintre, et puis, en se raillants publiquement, ainsy que je l'ay veu et ouy, disoient que sçavoit (*ç'avoit*) esté prestres qui avoient commis ce crime, pour faire troubler le peuple.

Depuis que lesditz Calvinistes ont veu que leur nombre s'augmentoit, ils ont bien ozé avoir la hardiesse de mal parler des prédicateurs, lesquels publiquement, en leurs chaires, les increppoient de s'abstenir de leurs hérésies. Et je suis certain que, de tous lesdits prédicateurs, ils ont toujours mesdit, et, entre les autres, d'un carme lequel leur estoit fort contraire; car, luy faisant un dimanche la prédication, aux fauxbourgs Martainville, en la parroisse de Saint Paul, en son retour dudit lieu, il y en eut un ou plusieurs qui luy dirent des parolles non à dire. Le peuple les oyant mirent les mains sur eux, et aucuns furent blessés, les autres prins; les autres se sauvèrent, en passant par dedans la rivière d'Aubette.

Depuis ce temps, qui estoit l'an 1545, environ le mois de may, ils firent bientost après visiter à leur mode le cimetière de Saint Maur, auquel lieu on porte en sépulture les paouvres décédés en l'hostel de la Madelaine; et, en cedit lieu de Saint Maur, les Calvinistes abbatirent plusieurs images, et firent de grandes insolences ; bientost après l'archevesque de Rouen les fit redresser.

Environ ce temps là, au bout du bas de la rue Nostre Dame, il y avoit une image de la Vierge Marie, bien antique, sur le porche d'une maison, laquelle image fut abattue ; et je croy que ladite rue prenoit son nom à cause de l'image. Bientost après ledit archevesque le fit redresser, et, en grande révérence, fit faire, ledit jour qu'il fut redressé, procession généralle, dedans ledit Rouen.

Quand un criminel voit que son crime est manifeste, et qu'il n'est aucunement reprins des ministres de justice, c'est alors qu'avec une véhémence il commettera plus de crimes, et sans rien craindre. Or, les hérétiques Calvinistes voyant que l'aspre supplice, acoustumé d'user envers eux, s'amolissoit, un d'entreux, le plus hardy, lequel disoit estre venu de Flandre, mais il mentoit car il estoit françois, commença à tenir école de la secte des Calvinistes, et se disoit avoir l'esprit de Dieu, et envoyé comme ange, et se disoit la dernière trompette qui sera envoyée au dernier temps. Aussy vrayement il en trompa plusieurs, et les séduisoit tellement, qu'il les faisoit prosterner à genoux devant luy. Il fut accusé, puis pris prisonnier ; et luy estant en la consiergerie, avec de ses compagnons, aucuns de ses disciples firent une embuscade de nuit, de laquelle les hommes de la justice furent advertis par le consierge, qu'on devoit venir par force tirer, hors de la dite prison, lesdits prisonniers. Pour à quoy obvier, il fut mis secrètement gardes en armes, qui surprirent lesdits disciples, comme ils vouloient faire l'entreprise, lesquels furent pris et mis prisonniers avec leurs maistres. Bientost après, ledit ministre et son frère furent bruslés, un des disciples pendu, les autres fustigés par la ville de Rouen.

Alors on vit estre advenu ce que plusieurs bons prédicateurs avoient prédit en leurs chaires longtemps devant, c'estoit que sy les ministres de la justice ne donnoient bon ordre à telles gens, qu'ils ozeroient à la fin tirer par force ceux de leur secte, hors de la main et puissance royale. Et combien que lesdits prédicateurs, de tout leur pouvoir, admonestassent les choses futures, on ne tenoit compte d'y donner bon ordre. Nous ne craignons communément les maux jusques à ce que nous les recevions ; c'est une grande faute patente. Depuis que ces meschants hommes de la secte calviniste ont senty qu'on ne leur tenoit si fort la bride que de coustume , ils ont voulu marcher à grands pas. Il est bien vray quand l'homme, lequel est sur un cheval , a quelque fois aucune affliction en l'esprit, il est mal adroit à la conduite de son cheval ; et l'homme , estant agité de telle sorte , laisse aucune fois aller la beste hors de la droitte voye. Or ces Calvinistes, voyant les troubles , lesquels ont duré longtemps par les guerres, ausquelles les roys ont esté fort empeschés , cependant clandestinement augmentèrent leurs hérésies tellement qu'on voit. Tout ainsy qu'un feu, lequel a esté longuement estouffé , lorsqu'il vient à avoir la teste de l'air, tout àcoup il enfle sa flamme et la met dehors ; ainsy cette génération perverse , après avoir esté laissée longtemps nourrir en secret, cependant tout acroupie ne laissoit à croistre; et tout à coup elle s'est venue à ellever, et tous ceux qu'elle a attaint ont esté frappés de très mauvaises playes ; et le tout par faute des prélats et des ministres de justice ; car chacun , en droit soy, n'a aucun soin sinon que à accumuler thrésors terrestres ; ainsy ils ne sont que terriens , et ne sentent que la terre , non pas l'esprit de Dieu.

Pour continuer ce présent discours, en l'an 1560, le jour Nostre Dame de Mars, lesdits Calvinistes commencèrent à lever la teste plus que de coustume ; mais il ne s'en faut esbahir , car, sans estre repris , souvent par la ville de Rouen leurs actes estoient assez patentes, et l'on les sçavoit bien. Or, ce jour là de Nostre Dame , il se fait, auprès de Rouen, une solemnité de canonisation , en l'honneur de la vierge Marie, au lieu qui est appelé Bonne Nouvelle, où grand nombre de peuple se trouvoient. Par delà ledit lieu environ demie lieue , au bois qu'on nomme Rouvray, à l'heure que se faisoit ladite solemnité , il s'assembla un grand nombre de ces Calvinistes, en ce bois manifestement, et firent leur presche, et chantèrent à leur mode. Alors plusieurs présents estant venus pour voir ladite solennité , voyant ladite assemblée , par curiosité allèrent voir la feste desdits Calvinistes. Il faut entendre qu'ils firent cette assemblée ce jour là , tant pour cause parceque ils se sentirent forts, et afin d'atirer quelques pigeons à eux, ils allèrent en ce bois tendre leurs filets. Leur prédicant disoit qu'il falloit dire : *Père qui est aux cieux*, et qu'en disant l'oraison dominicalle nous n'avons que faire de mettre *Nostre.* Mais il ne faut pas, en rien qui soit, arrester à leur dire, pour cause qu'ils sont enfans du père de mensonge, et selon leur nature ils ne font que mentir ; et quand ils voudroient dire vérité ils ne pourroient , car ils dégénèreroient, et ils contrediroient leur père qui fut traistre et homicide, dès le commencement du monde; et ses enfants tiennent de luy.

Le jour ensuivant, le bailly de Rouen en chef, comme lieutenant de ville, bon catholique, fut adverty de ladite presche qui fut faite audit bois. Ce docteur en hérésie fut pourchassé et prins, aux fauxbourgs Saint Sever, ainsy qu'il pensoit eschaper. Deux autres aussy qui estoient frères, lesquels avoient recellé ledit prédicant, furent prins ; et, bientost après, les trois ensemble furent exécutés ; et ledit prédicant bruslé vif , et les deux autres pendus, au marché aux veaux à Rouen. Ce prédicant estoit venu de Génève, et avoit tellement séduit ces deux frères, qu'il leur faisoit acroire, ainsy qu'ils ont déclaré, [que] quand il seroit en feu son corps ne brusleroit pas, et ce compagnon prédicant se disoit et se faisoit apeller *précepteur*.

Or, les Calvinistes voyant que cette presche coula ainsy doucement , bientost après publiquement chantoient à leur mode, et faisoient chanter des enfans par ladite ville. Et, un dimanche, ils s'assemblèrent viron 7 à 800 , au lieu dit Grammont, près Rouen, et chantoient en ce lieu. Quelque moine dudit lieu parla à eux disant qu'ils se retirassent ; ils le voulurent jetter à l'eau, et il se retira luy mesme pour éviter leur tirannie. Et, après avoir chanté audit lieu, ils revindrent à la ville, et, en chemin, ils trouvèrent quelqu'uns qui les voullurent rompre de chanter; ils tirèrent leurs espées et en blessèrent aucuns.

Ledit jour, l'archevesque vint à la ville, et advint qu'il trouva à sa voye lesdits Calvinistes, et, quand il passa près d'eux, ils se moquèrent de luy, et l'apellèrent *asne rouge*, et luy dirent autres mots, en leur jargon qu'ils entendent et que chacun n'entend pas ; mais ces coupeurs de bourses les entendent bien.

Depuis cela advenu audit Rouen, ces Calvinistes ont poursuivy leurs hérésies, en telle sorte qu'ils n'ont laissé passer aucune semaine sans faire quelques crimes. Car eux voyant qu'on ne reprenoit leurs vices, qu'ils apellent entreux leurs vertus, voicy qu'ils ont fait : au cimetière Nostre Dame de Rouen, plusieurs fois se sont assemblés grand nombre, et chantoient à qui pouvoit le mieux crier, et aussy [ils ont] fait presche. Cela se faisoit par mystère, car, cependant qu'ils chantoient, il y en avoit d'aucuns qui faisoient le guet, pour les garder. Aucuns de la ville, esmeus voyant ces choses, en faisoient de nuit le guet par la ville, à cause que ces Calvinistes ne faisoient leurs assemblées que de nuit ; mais de tout ils se mocquoient, car ils estoient suportés d'aucuns. Or, après avoir fait essay de faire presche de nuit, audit cimetière, ils essayèrent en autres lieux ; une fois au clos Saint Marc ou auprès Sainte Claire ; autrefois au cimetière Saint Patrice, auquel lieu ils ont veu, ainsy qu'ils disent, un prodige ou quelque diable qui s'est aparu à eux, en forme de feu. Leur prédicant alors leur fit acroire que c'estoit le Saint Esprit, mais ce n'estoit que une comette qui présageoit la future ruine de la ville.

Quand ils virent qu'on ne leur disoit rien pour telle acte, ils osèrent bien venir prescher et chanter au Neuf Marché, près la cour de Parlement, en un matin, viron le mois de juin 1560, avec armes et pistollets. Or, après avoir fait tel essay de jour, et aussy voyant qu'on ne leur disoit rien, en après publiquement ils s'assemblèrent en plusieurs maisons de leur secte, où ils faisoient leurs simagrées à leurs modes ; et depuis cette presche faite audit marché, il y avoit, en plusieurs endroits de la ville, souvent des images abatues. Ces réchaufeurs d'hérésie, voyant qu'ils estoient en telle sorte permis à faire tout ce qu'ils vouloient, et que leur nombre accroissoit ; car depuis qu'ils osèrent faire leur presche ainsy publiquement, beaucoup du commun, curieux, pauvres et riches, chose dangereuse, estant alléchés du subtil et cauteleux langage de tels prédicans, ont suivy à la file l'un l'autre, ainsy que font les moutons. Or, voici une grande probacion de méchanceté, car il faut entendre que depuis que ledit commun a esté envelopé de l'hérésie calviniste, à voir fréquenté leur presche, il est devenu en telle sorte dépravé, que toutes vertus luy sont faillies. Car aujourd'huy il semble que quelques vices que la personne fait, que sa conscience ne soit en rien blessée ; et voicy la preuve bien facile : ils ne craignent les suplices de justice, ne la defense de Dieü, ny des roys ; et, outre plus, en leurs promesses, en leur foy, ny en leurs parolles et en leurs œuvres, il n'y a aucune apparence de fidélité ny de vérité. On n'entendoit parler que de voleries, de sacagements et de meurtres, de la venin d'empoisonnements, de haine et de parolles de contumélie et de procès. Toutes ces choses susdites sont bien loing du chemin de la vertu. Et puis la paillardise est sur trovée (*surement*) qui marche avec ses cohortes, les enseignes deployées, avec lubricité ; et une dissolution si dépravée que son ombrage couvre une grande partie de toutes les places du monde. Et puis après cela une partie des fols se disent réformés, et cuident et se promettent estre enfants de Dieu et de son esglise. Je laisse aux gens de bien à juger s'il est ainsy qu'ils disent. O! voilà que aporte l'opinion des Calvinistes, laquelle est autant près et approchante de la foy et religion crystienne, comme Dieu est du diable, callomniateur de toutes vertus.

L'an 1560, voyant que la bride estoit lâchée à toute leur liberté, et qu'il faisoit bon pour eux, afin de jouer leur farce, à cause qu'alors le royaume estoit comme sans Roy, et à cause aussy qu'en deux années il trepassa deux Roys, l'un nommé Henry (*Henri II, mort en* 1559) et son fils successeur François (*François II, mort en* 1560), tous deux hommes de bien, dignes de grande louange. Or, voicy le commencement de lamentation et du règne abominable, car justice perdit presque toute sa force. Ils se disoient estre le roy, et, sous ombre de luy, faisoient entendre au peuple que des vessies estoient des lanternes. Environ cette année, il y eut un malfaicteur [s]apelant Noë François Le Monnier, du pays de la Basse-Normandie, qui fut amené à Rouen; il se disoit fidelle, comme ils disent qu'ils sont; toutesfois il se faut bien garder de rien laisser à leurs voyes, s'il n'y a bonne garde, ni leur bailler en garde aucunes choses que ce soit, si on ne les veut perdre. Voilà la fidélité qui est en eux. Ledit apelant estoit condamné à estre bruslé vif; comme on le menoit exécuter, il fut osté par force, par lesdits fidelles calvinistes, dedens ledit Rouen, près le logis de la Crosse; auquel lieu ledit Monnier fut retrouvé en du fiens (*fumier*) où ils l'avoient caché, et fut le lendemain bruslé vif au marché aux Veaux. Plusieurs de ceux qui firent telle acte s'enfuirent, toutesfois il n'en fut pris que deux, un bonnetier et un menuisier, lesquels furent condamnés à estre pendus, et, comme ils sortirent de prison, ces Calvinistes en ostèrent un par viollence, et l'autre fut fait rentrer, et fut pendu en une fenestre, dedans la cour de la Cohue.

Après cette scandaleuse injure faite contre la main royalle, ils augmentèrent de jour en jour nouveaux crimes, tellement que, quelques deffenses que le roi fist faire publiquement, par la ville de Rouen, à des maisons particulières de leur secte, ils faisoient assemblées et presches. A la fin, voyant qu'on leur enduroit tout, ils osèrent prendre la hardiesse de prendre les halles aux toilles et aux laines, et les usurper sans autorité privée, et hurler et prescher à leur mode publiquement, dedans lesdites halles, de pleine heure de jour. Quelquesfois ils preschoient en des tripots couverts, quand il leur en venoit la souvenance (*c'est-à-dire des défenses du Roi*).

Or, voyans qu'il faisoit bon jouer leurs jeux, en l'an 1560, au mois de mars, pour commencer, ils s'adressèrent, ainsy qu'ils ont coustume de faire, à une belle croix, laquelle estoit devant l'église de la Ronde, devant l'autre (*l'aître ?*) et en cœur de ville, laquelle ils abattirent ; et à la poissonnerie, à l'église St.-Michel, ils mirent bas une image Notre Dame, une image St.-Michel, et une autre de St.-Michel, lequel estoit beau et bien couvert de plomb. Les Anglais l'avoient fait establir, au lieu où il estoit, il y avoit plus de VI^{xx} (120) ans, du temps qu'ils possédoient la duché de Normandie. Je croy que lesdits calvinistes l'abattirent plutost pour avoir le plomb que pour autre chose. Plus, ils abattirent une sépulture, en remembrance de celle de Nostre Seigneur, laquelle estoit contre Saint Sauveur, du costé de la poissonnerie. Plus, ils abattirent, au portail de Saint-Estienne des Tonneliers, une image de Nostre Dame, une autre image de Nostre Dame, au coing de l'esglise de St.-Vigor, une autre image à la porte des Cordeliers, et, au coing de leur couvent, une image de Saint-François ; au portail de Saint-Nicaise, une image de Nostre Dame, et à Saint-Vivien encore une autre image, et, en plusieurs lieux par la ville, tout en une nuit, et en abattirent assez d'autres. Cela fait, qui fut le commencement d'user publiquement de main mise, hardiment, par un dimanche, ils osèrent venir assaillir (cependant que un prédicateur nommé Hugonis, cordellier, preschoit dedans Nostre Dame) les portes de la dite esglise, laquelle est la cathédrale de toute la province de Normandie. Alors il estoit temps du Caresme, et se railloient publiquement des gens de bien, quand ils passoient le chemin par la rue, en revenant des prédications.

Environ ce temps là, ils s'assemblèrent une compagnie, dedans les Augustins, par un dimanche, où ils chantoient à l'heure de midy, à qui mieux pourroit crier, et commençoient plusieurs séditions. Quand ils virent que tout cela se passoit sans rien leur dire, et ainsy (aussy) la tierce partie des habitans de la ville de Rouen les favorisoient, sans nulle considération de la future ruine très prochaine qui les venoit accabler; et aussy sans appréhender les certains indices de la dite future ruine; car, au mois de mars jusques à la my-avril, les eaux furent si grandes en la rivière de Seyne que les bateaux entroient dedans la ville, jusques aux Cordelliers. Et on n'a point de connoissance de les avoir jamais veues sy grandes.

Sainct Romain, homme de singulière vertu, ayant l'esprit de Dieu, luy estant du temps de la primitive esglise, et archevesque de Rouen, a prédit et prophétisé à ceux qui estoient de son temps que, toutes-fois et quantes qu'ils verroient les eaux de la rivière de Seyne s'enflér dedans la dite ville, que cela leur seroit un certain indice et présage que quelques gens s'éléveroient contre ladite ville, ou que quelque grande ruine est proche. Ces Calvinistes ne s'en font que rire de tels propos, mais ce n'est que leur façon de faire que de se mocquer de tout, car il n'y a rien de bien dit ny bien fait, ainsy qu'ils disent, sy leur prédicant n'y ait passé. Il se faut bien garder de croire ce qu'ils disent, si l'on ne veut estre présumé de leur callomnie empoisonnée. Il est assez manifeste, et sera d'icy à long temps la grande ruine advenue par ces infâmes et traistres hérétiques et calvinistes ; ce qu'ils ne peuvent nier, combien qu'ils soient contraires à vérité. On n'a point ouy parler, ni on n'a point veu, de notre reigne passé, guerre pareille ny plus ruineuse que celle par eux encommencée; ils disent bien qu'ils n'ont pas commencé, et que ce fut à Vassy, de par M. de Guise, mais ils ne disent point le dessein qu'ils avoient entreprins, dès que le noble roi Henry trépassa.

En 1562, commencèrent le règne d'angoisse et alors estoit la puis-sance des ténèbres. Au commencement du mois d'avril, les traistres Cal-vinistes, clandestinement, de nuit, qu'ils ont accoustumé de faire leurs actes, non de jour, non plus que le meschant qui hayt la lumière à cause qu'il craint qu'on ne le voye, ils en sont ainsy servis. Or, comme j'ay dit, d'une nuit, ils allèrent à l'hostel de la ville de Rouen, environ 500, lesquels firent semblant de rompre un huis ouvert, audit hostel; et dit-on que aucuns officiers dudit lieu leur livrèrent les clefs, dont il advint un horrible désastre. Or, après avoir saisy de force ledit hostel de ville, avec les clefs de toutes les amonitions (*munitions*) de guerre, qui leur avoient esté baillées par ceux de là dedans qui estoient de leur secte, ils saisirent artillerie, poudre, boullets, piques, pertuysannes, harquebuses et tous autres bastons de guerre, qu'ils trouvèrent là dedans. Or, il y a un cas très notable, lequel on doit bien retenir et en avoir toujours mémoire; c'est que, environ trois mois devant, on avoit fait commandement, sur peine de grande amende, que toutes personnes, de quelque qualité qu'ils fussent, eussent à porter, audit hostel de ville, toutes les armes à feu et offensives, qu'ils avoient en leurs maisons. Ceux qui obéissent au commandement du roy, assavoir les bons Crestiens, les y avoient toutes portées, non pas ces Calvinistes; or, ils y trouvèrent toutes lesdites armes et grand nombre de corcelets; je croy, en ma conscience, que ce fait estoit fait en la main. Après avoir saisy, audit hostel commun, toutes les armes, artilleries, poudre et boullets, ils allèrent au vieil pallais, et au chasteau où estoit pour lors le sieur de Villebon, bailly de Rouen, et l'assiégèrent dedans le chasteau, pour lui faire rendre la place qu'il tenoit, et le contraignirent de sortir. Cela fait, on avoit pour lors crainte à Rouen, car ceux qui devoient garder le commun peuple, s'absentoient de la ville. Après que ledit Villebon fut sorty, ils eurent toutes les fortes places en leur puissance et y posèrent l'artillerie. Cela fait le samedy devant les Rouvaisons (*Rogations*), au mois d'avril 1562, ils furent au temple de Saint-Gervais-lès-Rouen, et pillèrent les reliques, ornements, cloches, fer et plomb, et autres mathéreaux de quoy on peut tirer argent. Ce qui estoit d'aparence de petite valeur, ils le mirent en un monceau, avec le bois des formes, sièges et clostures dudit moustier, et y boutèrent le feu.

[Le] lendemain, jour de dimanche, ils commencèrent leur détestable sacrilège, en la ville de Rouen, par une subtille cautelle, comme loups dissimulans, et traistres regnards qu'ils sont Ils faisoient faire ce désastre par une manière de vermine comme eux, qui se disent ..... ou anciens, ainsy qu'ils veulent. Ils alloient par les maisons, et entroient à force, saisir le reste des armes des bons chrestiens, cependant que leur vermine saccageoit les esglises de ladite ville. Il n'est esprit, bouche ny langue pour déclarer, ni main pour escrire l'horrible abomination et désordre qu'ils firent, en ce misérable désastre. Les eslémens en sont encore irrités, et le ciel en lamente avec l'esglise céleste triomphante, et l'esglise chrestienne qui milite et soupire encore ici bas. Or, ce qui leur fit chercher les armes aux maisons des crestiens, durant qu'ils faisoient sacager les parroisses de la ville de Rouen, ce fut de crainte qu'ils avoient d'estre empeschés à parfaire leur exécution de boucherie, qui sçavent et entendent par cœur tous les jargons des gueux et des coupeurs de bourses, par lesquels matois ils font espandre, partout où ils sont receubs (*reçus*), leurs impostures, imprimées par tels imprimeurs, et relliées par tels libraires comme sont les autheurs.

Et jamais ne s'adressent qu'à la jeunesse, car ils savent bien, comme le vieux renard, qu'il ne fait pas bon courir à la géline (*poule*) qui garde ses petits. Mais ils vont après des jeunes qui ne connoissent point encore la rage du regnard. Ils ont encore avec la nature du regnard celle du singe : quand le singe est apprivoisé en un logis, et qu'on le garde et nourry (*nourrit*), c'est alors qu'il commence à faire mal. Cette sorte de beste craint le fagot, quand il est devant le feu, à cause de la hard.

FIN DU PREMIER CHAPITRE.

CHAPITRE II.

Entre les autres choses qui sont à noter, pour lors que lesdits Calvinistes faisoient les saccagements desdites esglises, le duc de Bouillon et le sieur de Basqueville estoient audit Rouen; il est à sçavoir à quoi il tenoit qu'ils n'empeschoient lesdits Calvinistes de commettre un si damnable désastre. Le dit sieur de Basqueville estoit lui-mesme présent, quand ils saccagèrent la grande église Notre-Dame de Rouen, et ne leur en disoit rien. Je laisse à penser aux personnes de bon jugement, si le dit de Basqueville en étoit consentant ou non. Quant au dit de Bouillon, quand il voit que tout se portoit sy mal, il quitte la ville de Rouen, dont il estoit gouverneur, et de toute la Normandye; et, en sortant, ils le voullurent empescher, ce qu'ils firent, et fermèrent la porte Cauchoise, le lieu par où il voulloit sortir; et le lendemain, du matin, il partit par une autre porte, et laissa, entre les mains de ces dits mutins Calvinistes, loups ravissants, le paouvre peuple catholique crestien, lequel fut par eux, en après, acoustré en toutes façons, Dieu le connoist. Or, eux voyans que le dict de Bouillon estoit party du dict Rouen, ils y firent entrer un nommé le sieur de Morvilier, picard, un nommé le sieur de Languedor, du pays de Caux, un autre nommé le capitaine Louis, un autre qui se disoit capitaine Deschamps, et un autre nommé Valfrenières, un autre nommé le capitaine Moulin, et un autre le capitaine Rouvère. Tous lesquels furent capitaines et gouverneurs d'icelle ville de Rouen, qui combattirent et tindrent le fort, contre ceux qui furent envoyés de par le roy pour réduire la dite ville en son obéissance ; et ceux qui les firent entrer dedans, qui se nommoient les Antiens, qui estoient de la couleur desdits capitaines, sont cy-après desnommés.

Ensuit les noms d'iceux Antiens :

Le sieur d'Emendreville ;

Le sieur de Soquence ;

Michel Bouchard, sieur de la Vieux-Rue ;

Nicolas Nagerel ;

Le sieur de Saint Aignen ;

Le sieur de Saint Laurens ;

Jean Boquemare, brossier mercier, et son frère, marchand de vins ;

Alleaume Caucles, marchand de toille ;

Vivien Lallemand ;

Pierre Buquet, brossier ;

Jean Bigot, marchand de poisson ;

Estienne Mignot, tavernier ;

Charles Yon, advocat en Viconté ;

Guillaume Pauger, sous-greffier en l'Hôtel-de-Ville de Rouen.

Jean le Boullenger, fermier de Romaine ;

Jean Deshommets, lieutenant de ladite Romaine ;

Tous les dessus dits se firent conseillers de la dite ville de Rouen, au lieu de ceux qui avoient esté déboutés par eux et leurs semblables. Or, quand ils se virent au dessus de tout le peuple d'icelle ville de Rouen, ils firent sonner le tambour, et lever gens par les dits capitaines, et de tous costés ils en faisoient venir de ceux de leur secte ; il y en vint de Genève. Quand ils se sentirent forts pour soudoyer leurs gens,

après avoir fait forger les calices, croix, chandeliers, et autres usten-
silles d'argent servant à la sainte esglise catholique, ils en payèrent en
testons leurs soldats, et se firent faire, sur la rivière de Seine, un
boulevert de terre, aux despens des marchands de bois de...... [1], duquel
bois, avec du gazon de terre des prés dont ils démolirent l'herbe, ils
firent le dit fort, avec celuy de sainte Catherine, et celuy de saint
Michel, qui leur fut à la fin bien nuisible, comme on entendra ci-après;
et, cela fait, ils faisoient faire de nuit courses et saillies, jusques à cinq
à six lieues à la ronde, entour ladite ville de Rouen, réservé en aucuns
lieux où ils n'osèrent aprocher.

Le 5e jour de juin 1562, les dits Calvinistes voyants qu'il y avoit, à
une lieue près de Rouen, un bon bourg nommé Dernestal, où passe[nt]
deux petites rivières, l'une nommée Robec, et l'autre Aubette, ils y
envoyèrent leurs soldats de couleur, qui estoient nouvellement revestus
des chapes et chasubles des églises catholiques; car la plupart avoient
des chausses desdites chapes, qu'ils nomment à la querquesse [2]; auxquelles chausses il entreroit bien un enfant d'un an tout vestu. Les dits
soldats, estans au dit lieu de Dernestal, ils entrèrent de force dedans,
à cause que ceux du dit bourg estoient fortiffiés en leurs rues. Les dits
soldats estans entrés, ils bruslèrent deux esglises, l'une nommée Saint-
Pierre de Carville, et celle de Longpaon, avec environ 40 maisons
du dit bourg, entre les autres ils [en] bruslèrent une nommée l'Oiselet,
l'autre l'Image de saint Jacques, et l'autre en un carrefour. Ces
trois maisons, entre les autres, valloient bien chacune deux mil
escus. Tout le bien qu'ils ne sceurent saccager au dit lieu et emporter,
ils le prindrent. Ils firent du mal incroyablement; ils bruslèrent, en
un logis où il leur fut dit qu'il y avoit des prestres, dè sept à huit
personnes, tous vifs. Quant au bon butin desdites églises de Dernestal,
comme argent, cuivre, estain, plomb, fer, draps, habits, linge,
vaisselle et vivres, ils aportèrent tout au dit Rouen. Ce fut quasi leur
premier chef d'œuvre qu'ils firent, après avoir eu la force en la dite
ville de Rouen; et là tout fut fait au dit Dernestal le propre jour de la

[1] Le mot est en blanc dans le Ms.

[2] Autrement dites à la *Greguesque*, c'est-à-dire à la grecque.—Voyez Roquefort,
Gloss., au mot *Gargaisse*.

Pentecoste : à bon jour bonne œuvre. Mais quant est d'eux ils ne font aucun cas de la feste, non plus que du jour ouvrable.

Ce qui fut la cause de les faire courir en premier lieu à Dernestal, ce fut pour ce que ceux du dit lieu estoient fort riches ; car ils y trouvèrent beaucoup de meubles, comme draps qui se font en ce dit lieu, argenterie, et autres meubles en grand nombre, comme vaisselle, et grandes chaudières de brasseur et à teinturier, qu'ils démolirent, et à la fin aportèrent à Rouen. Outre la dite cause, il y en avoit encore une autre, c'estoit pour ce qu'ils doutoient que le camp du Roy ne s'y vint loger, et aussi à cause que en ce lieu on peut destourner les dites petites rivières de Robec et Aubette de venir à Rouen ; ce qui advint depuis, et se repentirent bien fort qu'ils n'avoient entièrement destruit et bruslé ledit bourg.

Après le dit saccagement, ils coururent jusques à un autre bourg nommé Ry, à quatre lieues de Rouen, et à une lieue près du chasteau de Blainville, auquel lieu trouvèrent résistance, par un capitaine, natif de Rouen, nommé le seigneur Jean Prevost ; et s'en revindrent avec leur honte. Ils pensèrent aller au chasteau de Blainville, mais ils n'osèrent en aprocher. En estant près de là ils trouvèrent des jeunes garçons de village, en un lieu nommé Lafosse, qui estoient arrestés à la pasture, lesquels ils prindrent et amenèrent au dit Rouen, et estoient dix ou douze au plus ; pour ce qu'ils entendirent que les dits jeunes gens alloient devers ledit Prevost pour estre sous sa charge, et pour estre enrollés soldats de sa compagnie.

Depuis le 5ᵉ juin 1562, ils furent à tous les villages circonvoisins de Rouen, à quatre ou cinq lieues à la ronde ; auxquels villages il n'y a esglises et maisons qui soient sans porter les marques que les dits Calvinistes y ont faites ; car ils n'y ont rien laissé entier, et la plupart ils les ont desmollis et bruslés, ainsy qu'ils ont fait par toute la France.

Cette opération de Calvinistes est proprement de la nature des vipères, car on a vu et voit-on encore comme ceux qui sont de la dite secte font mourir et périr leurs pères et mères, parens et amis qui ne sont point adhérans à leurs damnables œuvres. Les uns ils font mourir de faim, les autres de desplaisir et d'ennuy, et les autres des coups qu'i[ls] leur baillent. Je n'ai jamais veu ni leu, aux histoires antiennes, tant à la sainte Escriture, en plusieurs historiens qui sont plus véritables que ne sont leurs ministres, qu'il ait esté fait de sy horribles sacriléges, comme ces Calvinistes ont fait ; car on n'a jamais ouy parler ne leu, aux escritures de quelques lieux que ce soit , que les hérétiques ayent jamais touché au précieux corps de Jesus-Christ, ainsi que ceux-cy ont fait, qui se disent Huguenots. Encore leur patron Jean Hus qui fut bruslé à Basle ne leur a pas appris à faire cela ; ce n'a esté que le détestable Calvin ; c'est ce qui me les fait apeller les Calvinistes précurseurs de l'Antechrist.

Après avoir marqué de leur merc (*marque*), comme j'ai prédit , tous les vilages autour de Rouen, lesquels ils ont eu pouvoir de destruire, ils furent après premièrement à la ville d'Ellebeuf, qui est en partie close de la rivière de Sayne ; et là ils bruslèrent deux églises , avec plusieurs maisons du dit Ellebeuf, qu'ils pillèrent. Il y eut plusieurs personnes mis à mort par les dits Calvinistes. La cause pourquoy , ce fut pour ce que le dit lieu d'Ellebeuf apartient au frère de Monsieur de Guyse qu'ils ont toujours hay mortellement, pour ce qu'il a esté en tout temps contraire à leur secte et à leurs damnables entreprises. Ils en firent une autre en la ville du Pont de l'Arche, auquel lieu ils envoyèrent de Rouen 15 à 1800 de leurs soldats de couleur, avec six grosses pièces d'artillerie de laquelle ils firent aucunement une petite brèche. Mais un capitaine nommé Guion estant dedans avec ses gens , et un autre capitaine nommé Maze (*ou* Mazet), les repoussèrent vivement, et y en eut quelque quarante des soldats calvinistes tués et blessés à l'assaut.

Et cela fait, après avoir esté environ un jour devant la dite ville du Pont de l'Arche, ils revindrent à Rouen , et raportèrent par eau, sur la dite rivière de Seyne, ceux qui estoient blessés ; et depuis ils ne retournèrent au dit Pont de l'Arche, car ils y furent à leurs despens. C'est une honte à une grande ville comme est Rouen, et à ceux de Rouen , qui ne sceurent ou ne voulurent résister aux dits Calvinistes, veu que sy petite ville qu'est Pont de l'Arche, avec ceux de dedans, leur ont fait résistance contre toute leur force.

Eux voyant qu'ils n'avaient rien fait au dit Pont de l'Arche , ils envoyèrent à Caudebec, nuittamment, un nommé le sieur de Saint Laurent, qui estoit un de leurs antiens, avec quelque nombre des dits Calvinistes, à cheval et à pied ; auquel lieu ils entrèrent, sous leur foy

qu'ils n'y feroient aucun mal, tant aux églises que autres lieux; et estans
entrés, après leur avoir assuré sur leur foy, comme ceux de la dite ville
ne doutoient rien, ils saisirent les portes et places qui estoient fortes
d'icelle ville ; et, cela fait, ils allèrent saccager et brusler les églises ,
en la dite ville, où il y avoit de bon butin qu'ils aportèrent à Rouen ,
avec celuy des maisons qu'ils peurent piller. Ils laissèrent la garnisson à
ceux de la ville qui estoient leurs semblables, et quelque nombre de
ceux qu'ils y avoient menés, pour garder la dite place. Mais bientost
après qu'il furent partis, ceux de ladite ville se révoltèrent contre eux,
n'ayans pouvoir d'endurer les injures qu'ils leurs faisoient, et les chas-
sèrent dehors; et mirent au lieu un capitaine nommé Menybasse, homme
de guerre et bon crestien, qui leur a bien résisté depuis; car eux voyans
que icelle ville n'estoit plus pour eux, ils y envoyèrent bien 2000 de
leurs soldats de couleur , avec des grosses pièces de canon qui n'y firent,
et y demeura plus de 150 de leurs soldats; et depuis ils n'y ozèrent
retourner ; mais ils furent à Quillebeuf sur Saine , qui est une petite
ville, laquelle ils pillèrent , et amenèrent tout le butin en une gallère
audit Rouen.

Au premier jour de juillet 1562, les dits Calvinistes sortirent de Rouen
clandestinement, allèrent au pays de Caux, à Barentin, auquel lieu ils
bruslèrent l'esglise et abattirent le toc-sain. Quand ils y furent ensemble,
ils bruslèrent et pillèrent plusieurs maisons. Cela fait, ils furent à un
village nommé Limésy, auquel lieu ils bruslèrent et pillèrent aussy
l'église, à cause qu'il y avoit dedans deux hommes du dit village, qui se
mirent en deffense contre les dits Calvinistes; lesquels hommes ils bruslèrent dedans la dite esglise, et pillèrent plusieurs autres esglises allen-
tour du dit Barentin, des quelles ils raportèrent au dit Rouen les trophées.
Mais il faut entendre en quelle façon. Ce fut comme je croy que leurs
prédicants les induirent à ce faire, car c'estoit une chose détestable à
voir aux bons crestiens qui le virent alors. Or, voicy comme ils raportèrent les dits trophées. En revenans et entrans au dit Rouen , les uns
avoient des chasubles vestues, et tenoient des calices qu'ils avoient pris
aux dites esglises ; les autres des encensoirs, les autres des custodes, les
uns des corporaliers, les autres des clochettes, les autres les croix et
bannerolles des esglises , les autres des aubes. En après venoient quelques uns qui portoient en leurs mains du pain, de la sorte qu'on le

sacre dans les esglises ; et , entrans dedans la ville de Rouen , ils disoient des blasphêmes si énormes que j'aurois horreur de les réciter ; et , en se raillant comme ils ont de coutume de faire de toutes choses, ils alloient disants : *Voicy le trespassement de la messe* ; les uns disoient : *Voicy l'abollition de la messe* ; les autres disoient pour faire mal au cœur des catholiques crestiens : *Voicy pour faire fort enrager ou crever papaux dedens le ventre*. C'est la façon du diable que de faire railler ses fils quand il voit qu'il est audessus de ce que Dieu lui laisse en sa puissance, et que de calomnyer ce qui luy est contraire ; pourtant est-il nommé *calomniateur*. Pour quelle cause est-ce qu'il hait horriblement la messe, et qu'il la fait avoir en horreur et en haine à ses enfans ? C'est pour ce que , en estant à la messe , l'homme et toutes les personnes sont attirés par l'esprit de Dieu , à singulière dévotion ; tellement que toutes personnes qui admirent l'indicible et merveilleuse œuvre que Dieu a faite , en laissant son sacrement à l'esglise , lequel est consacré et offert à la dite messe , toutes personnes ayant foy stable à Dieu le créateur est quasy ravy en esprit, en contemplant par admiration le dit sacrement ; et c'est ce qui attire les personnes de ferme foy à cette dévotion. Et pour ce que toutes personnes qui sont attirées souvent en cette dévotion ne s'adonnent pas volontiers aux vices et grands péchés de ce présent monde , mais suivent les vertus , c'est la cause pourquoy ce diable , capital ennemy de toute nature humaine et de toutes vertus , se force en tout temps, de tout son pouvoir, d'oster l'affection d'aller à la messe , afin de corrompre toute dévotion ; car , l'ayant corrompue , il fait faire tout ce qu'il veut aux hommes méchans.

Après le dit mois de juillet 1562 , les dits Calvinistes antécrits envoyèrent, une lieue à la ronde , coeuillir tous les grains qu'ils sceurent trouver , tant aux presbitaires des esglises que par les granges des laboureurs , et les firent aporter à la ville de Rouen , et mettre dans les paroisses , dont ils firent emplir plusieurs ; comme Sainte Croix, Saint Godart , Saint Sauveur , Saint Ouen, et autres lieux semblables. Durant ce temps ils apréhendèrent plusieurs marchands de Rouen pour avoir de leur argent, en firent tenir en prison plusieurs longtemps , qui n'avaient de quoy leur mettre aux mains. Dieu tout puissant connoist de quelles tenailles ces antécrits pincèrent les pauvres crestiens de la ville de Rouen.

Mais nostre Dieu qui ne veut laisser une vie mal menée estre de longue durée, envoya, au mois d'aoust ensuivant, le duc de Guyse avec le roi de France, Charles IXe de son nom, aagé de 10 ou 11 ans, avec autres seigneurs de toutes parts de Normandie et autres lieux ; lesquels amenèrent plusieurs compagnies de gens d'armes, tant de pied que de cheval. Et les Calvinistes, de leur costé, firent venir à Rouen des Anglois, des Ecossois, et des Hérétiques de Dieppe, pour les secourir ; pour autant qu'ils estoient de leur secte et les avoient fait entrer dedans le pays, et leur avoient livré en leurs mains la ville du Havre et la ville de Dieppe, deux ou trois mois auparavant le dit mois d'aoust. Or, ceux du dit Havre et Dieppe, sont et ont esté, en partie de ce temps là, débilles à la foy et infidelles au roy. C'est chose détestable que de vendre sa patrie, ce qu'on voit apertement estre fait par les dits Hérétiques ; lesquels, pour cuider parvenir à leur atente, ont livré aux Anglais, capitaux ennemis du pays, leurs biens, parens et amis.

Le roy estant arrivé à Bourdeny, près Rouen, il fut amené, huit jours avant la Saint Michel 1562, 40 pièces de canon ; les unes furent braquées devant le fort de Sainte Catherine, les autres devant la ville, près la porte Saint Hillaire. Le dit fort fut battu sept ou huit jours, et pris par les gens du roy ; et il y eut plusieurs Hérétiques tués et bessés, avec un capitaine, nommé Louis, qui gardoit le dit fort. Lequel fort estant pris, la ville fut après assaillie et fort battue dudit costé Saint Hillaire ; et, après plusieurs assaux, elle fut prise, où il n'y eut pas grande effusion de sang, car le duc de Guise fit sonner la retraite, et deffense de piller la dite ville que l'espace de 24 heures.

Il estoit le 28 octobre 1562 lorsque la ville de Rouen fut ostée aux dits Hérétiques, auquel jour le compte de Montgommery, estant pour lors tenant le fort dedans Rouen, se sauva en une gallère, laquelle estoit devant la ville. En ce dit jour plusieurs Hérétiques se noyèrent, en se pensant sauver par la rivière de Seine. La dite ville estant réduitte, non sans grand dommage des bons marchands et bons catholiques, car tout y fut pillé, sans avoir esgard à personne, qui fut chose misérable. Il fut fait, deux jours après, exécution de cinq des capitaines qui furent pris, dont l'un se nommoit le sieur d'Emandreville, un autre nommé Desroches, furent décapités ; le sieur de Soquence, Cotton, et un prédicant surnommé Pacquet Marlora, ces deux [premiers] furent pendus

devant l'hostel de ville, et le dit Marlora devant Nostre Dame, dans le dit
Rouen. Ledit Marlora, imposteur venu de Génève, disciple de l'ordre
Calvin, estant en credit dedans la ville de Rouen entre les supots, alors
que les temples de ladite ville furent sacrilégés, luy voyant que les richesses toutes d'or et d'argent [estoient] ensemble amassés dans l'hostel
commun de la dite ville, il fut le premier qui proposa ce que estoit selon
son advis de faire des dites richesses des esglises; et dit que, puisqu'il
estoit ainsy que Dieu leur avoit mis entre les mains de luy et de ses
supots toutes les richesses de l'esglise romaine, qu'il estoit besoin de
s'en aider pour les affaires de la guerre, afin de subvenir; voilà la
cause pour laquelle il fut exécuté.

Il semble voir à tels entécrits (*antéchrists*), qui sont exterminans
selon l'Apocalipse, que tout ce qu'ils font et disent que ce soit selon
Dieu; et leur est advis que tous ceux qui ne sont de leurs sortes sont
tous soubs le voile d'ignorance. C'est le propre du diable, père d'or-
gueil et du mensonge, que de persuader à ses enfans que ce qui est té-
nèbre que ce soit pure lumière; et les enveloppe dans des imaginations,
en leur serrant le cœur d'une opiniastreté dont ils sont tellement cordellés
qu'il n'y a moien, par remonstrances, par vives raisons, ne par toutes
allégations tant libéralles, morales, que allégoriques, de les deslier des
nœuds de l'impiété d'hérésie, qui est un apparent signe de réproba-
tion. Dieu, père de lumière et de miséricorde, veuille, par sa grace,
les illuminer, et radresser au droit chemin, selon sa bonne volonté et
bon plaisir. C'est une merveilleuse tragédie que l'erreur moderne; sy
ceux lesquels en sont pestiférés, estoient remplis de tant grande sapience comme ils s'en vantent, ils entendroient que toutes choses qui
sont escrites du temps passé que c'est ce que dit saint Paul pour notre
discipline. Quand ils ont commis tant de sacriléges, en profanant tant
de temples pour les piller, que n'ont-ils pensé à ceux qui ont fait telles
choses et de la punition qu'ils en ont receuë? Voyés Nabucadonosor,
müé en beste brutte, pour avoir pillé les vaisseaux d'or et d'argent du
temple de Jérusalem; et après lui son fils Baltazard, chassé par Darius
hors de son empire, avec grande frayeur jusqu'à la mort, pour avoir
beu, lui et ses princes, dedans lesdits vaisseaux sacrés. Après ceux
là voyés un Anthiocus, un Lisias, et un Gorgie de Perse, lesquels
après avoir encor destruit et prins les vaisseaux d'or et d'argent dudit

temple, et pillé les plus excellentes richesses ; comme ledit Anthiocus après avoir perdu une partie de son armée contre Judas Macabée, comme il est par une....[1] de laquelle il fut divinement frappé, tant en son esprit qu'en son corps, estant longuement en extrême langueur jusqu'à la mort ; et son fils aussi, avec un Démétrius, tués par les Romains, pour la convoitise desdites richesses que son père avoit pillé audit temple de Jérusalem, desquelles il ne put jouir qu'un peu de temps.

Qui voudra voir les histoires paganiques, on trouvera un roi Brenna (*Brennus*), ayant pillé un temple d'Apolo en la cité de C....[2] en Grèce, lequel, après avoir perdu une bataille ledit jour qu'il pilla ledit temple, la rage le saisit et se tua luy mesme de son épée. Plus outré, qui voudra regarder Justin, en son 24e livre, qu'il a escrit du temple d'Apolo en Delphes, comme il y eut 75 mil hommes foudroyés, lesquels vouloient piller ledit temple, pour les grandes richesses d'or et d'argent qui y estoient, car une montagne, soubz laquelle estoit une caverne où l'on avoit tiré autrefois de la pierre, fondit comme ils estoient sur ladite montagne, auquel lieu ils furent amassés ainsy qu'ils alloient piller ledit temple. Or on trouvera l'empereur Cambises de toute Azie, lequel fit destruire tous les temples d'Egipte afin d'avoir les richesses qui y estoient ; il eut ouy dire qu'en Libie il y avoit un très riche temple de Jupiter apellé Hamon, auquel lieu il envoya grand nombre d'hommes en armes pour avoir les richesses, lesquels furent engloutis tout vifs en des sablons, comme ils alloient pour piller ledit temple. Et ledit Cambises, pour ce qu'il ne sceut parvenir à son attente, ensemble qu'il ne put faire tuer un sien propre frère nommé Merguée (*Smerdis*) afin qu'il fut seul seigneur d'Azie, il se tua luy mesme, par une furie enragée, de sa propre espée, [et] finit ainsy sa vie misérablement.

S'il faut monstrer par vives raisons les punitions que (*de*) ceux les quels ont viollé et pillé les temples, tant ceux que Dieu a commandé de construire que ceux que les Gentils ont fait bastir, on en alleguerait une infinité qui serait trop prolixe. Or pour éviter toute superfluité de ce

---

[1] Il manque ici quelques mots dans l'original.

[2] Le nom est en blanc, mais c'est de Delphes qu'il s'agit ; l'auteur répète plus loin la même histoire.

propos, je m'arresteray aux sentences contenues en notre saint Evangille, laissée de père à fils par les saints apostres de notre seigneur, lequel nous a admonesté qu'au dernier temps, que telles gens se doivent eslever contre sa légitime fille, l'esglise apostolique et catholique; et, par son très bien aimé apostre et prophète saint Jean l'évangéliste, nous a pareillement fait révéler, en son apocalypse, les sublimes secrets des choses qui doivent précéder la fin des temps et de ce siècle. Car icelluy saint, très animé et très grand prophète, a en perfection beu à grands traits en la source de divine sapience, et y a puisé plain vaisseau de prophétie et d'éloquence par dessus tout; et après a sincèrement parlé de la nature divine et humaine, de la chair et du sang de notre sauveur Jésus-Christ, et de tous mistères sacrés, pour ce qui concerne la pureté de notre salut; et nous a prophétizé ce que nous voyons advenir, où il faut adjouter foy; car il ne tombera rien de ce que notre rédempteur a dit et fait révéler par ses apostres et prophètes.

Nous trouvons par les histoires romaines que les Romains, ambitieux de régner et avoir superintendance sur tout le monde, en imitant Alexandre le Grand, surmontèrent les Caldéans, les Mèdes, les Perses et les Grecs. Or, autant (*au temps*) que Jullius César et Pompée regnèrent, ledit Julius mit en l'obéissance romaine toute l'Europe, et Pompée mit de son costé toute l'Asie, auquel lieu il avoit esté par le sénat romain envoyé. Scipion le jeune qui prit la ville de Cartage, plus noble et plus renommée que n'étoit Rome, surprit au nom des Romains toute l'Afrique; tant (*si bien*) que les trois qui sont l'Asie, l'Afrique et l'Europe, estant en toutes les terres qui sont ou estoient habitées, en tout le monde, furent assujetties à l'empire romain. Or, tout le monde estant rédigé à un empire, fut, l'espace de douze ans, unanimement en paix et tranquilité pacifique, qui fut une très excellentissime aparence de l'indicible Providence de nostre Dieu tout puissant universellement sur tout le monde, afin de dresser une telle paix universelle. Car soubz le règne ainsy pacifique, l'indicible et sacré verbe de Dieu se voulut incarner au corps de la très pure, très béniste, et sacrée vierge Marie. Ce que je dis icy est assez amplement desduit par plusieurs historiens, tant hébreux, grecqs, que latins. Ces Romains se voyant superintendans ainsy pacifiquement sur tout le monde, qui fut par la sapience et grande Providence divine qui l'avoit ainsy préveu et ordonné, lesdits Romains firent bastir à Rome un temple, le plus somptueux et magnifique qu'ils peurent et sceurent artificiellement adviser, en mémoire perpétuelle de la paix susdite, qui estoit l'espace de douze ans si tranquille par tout le monde universellement. Or, ledit temple estant parachevé, selon la coustume d'alors, y firent mettre toute sorte de dieux en la façon paganique, et cela fait allèrent en la cité de Delphes, en laquelle estoit le dieu d'Apollon qui donnoit response de ce que l'on vouloit sçavoir de la fin de cedit bastiment et autres choses douteuses. Toutefois ce n'estoit pas une divinité qui fut en ce dieu Apollo, mais c'estoit le diable ayant puissance alors sur le monde, qui décevoit et trompoit tous ceux qui alloient à Delphes. Car quelquefois advenoit ce qu'ils demandoient, et bien souvent il y avoit grande faute. Lesdits romains demandèrent aux prestres d'Apollo si leur temple nouvellement basti serait de longue durée ; or le diable qui s'apercevoit deslors, par indices de ladite tranquillité universelle, que la fin de son règne aprochoit, fit respondre aux Romains que leur temple dureroit jusques à tant qu'une vierge enfanteroit et allaiteroit un enfant.

Tout le contenu allégué aux deux chapitres (*paragraphes*) précédens, est pour parvenir à la fin où nous prétendons, pour faire entendre aux calvinistes et à tous hommes qui n'ont crainte de l'infaillible jugement de Dieu, qui sera au dernier temps, auquel par les œuvres qu'ils commettent ils n'adjoutent aucune foy, ainsy qu'il apert. Car jamais ne fut d'iniquité si abondante, qu'elle est au temps présent, et la charité jamais plus froide qu'elle est maintenant. Partant on peut dire certainement [que] ce que Notre Seigneur Jésus-Crist a dit de ce qu'il doit advenir à la fin de ce siècle, advient pour le présent. Aussy avoit-il esté dit par révélation divine, par une vierge sybille, demeurant en la cité de Rome, qu'on verroit tomber de toutes parts les idolles des payens, à la nativité du fils de Dieu le très haut, qui vivifie toutes choses et duquel procède la source de la vie. Et ne faut que lesdits calvinistes disent qu'ils soient inventeurs d'abattre les idolles. Ce qui s'adore, soit d'or, d'argent, de pierre, de terre ou de quelque bois que ce soit, s'il est adoré ou révéré de l'intérieur, doit estre apellé idolle ; si on fait à l'idolle la révérance de cœur telle qu'elle apartient à Dieu. Mais je croy que ceux qui sont catholiques crestiens n'ont point la pensée si dépourvüe d'entendement de penser que de bois, d'or, d'argent, ou de pierre sorte aucun effet qui fasse multiplier les biens de la terre ni de la mer, en quelque sorte que ce soit. Il y a grande différence entre l'idolle et ce qu'on appelle image ; car, ainsy que dit Lactance Firmyen, l'idolle est ce qu'on adore comme estant estimé Dieu, duquel procède toute vertu qui donne accroissement. Mais l'image n'est autre chose estimée des crestiens qu'une mémoire et remembrance des hommes vertueux ; lesquels images ont esté permis par l'églize conduite du Saint Esprit, afin de donner à la postérité un exemple aux hommes de vivre vertueusement, comme ceux desquels la mémoire est representée par les images. Et ne faut que les hérétiques imputent aux crétiens qu'ils adorent ces images ; tant s'en faut qu'ils les adorent ; mais seulement, en voyant la mémoire et remembrance de Saint Pierre ou de Saint Paul, et autres saints apostres, martirs et bons évesques du temps passé, ils donnent louange à Dieu, et non autrement. Les hérétiques ont plusieurs fois pris occasion d'abattre ces images, disans qu'on les adoroit, et que le simple peuple s'y est abusé ; mais si le peuple, par ignorance, en abuse, cela advient par la faute des ministres qui ne font pas entendre au populaire ce que le peuple entend, et la cause pour laquelle les images sont permis. On ne se doit donc adresser à l'église ny aux images, ny au peuple ; car chacun n'est pas pourveu de grace, d'intelligence, d'entendement ny de sapience, esgallement les uns comme les autres.

Puisqu'il est ainsy que nous voyons la charité plus froide que n'est en hiver la terre distante, laquelle est par delà les hiperboréens où la glace est infinie, et que l'iniquité est généralement espandue sur la face de la terre par toutes gens qui l'habitent ; car, regardez, je vous prie, et vous verrez la grande imperfection et corruption, et toutes les façons de faire des hommes de maintenant. Hélas ! ne voit-on pas la puissance ecclésiastique s'achepter par les simoniaques laïques qui manient ensemblement la puissance de justice ? Ne voyez-vous pas les hommes de la noblesse qui détruisent tous estats par leur superbe arrogance, à cause que l'abondance des richesses les a faits tomber hors de la foy, et la pluspart du peuple les ensuit ? Ne voyons-nous pas les plus fidelles marchauds prendre, sous couleurs de bonne foy, les marchandises et les biens les uns des autres, et après les avoir prins, les cacher, puis se faire...... [1] leurs femmes divorcées, et faire banqueroute à

---

[1] Quelques mots sont omis dans le Ms.

leurs créditeurs ; et bien d'autres tromperies qu'ils font sous l'ombre de
bonne foy ? Ne voyons nous pas les laboureurs dégraisser les fermes
et démollir les terres, maisons, chasteaux, arbres, et généralement
tout ce qui leur est baillé à ferme, et ne font que tromper comme mer-
cenaires ceux qui leurs baillent leurs héritages ? Or, il est écrit que, quand
le fils de l'homme viendra du ciel, pour présider au siège judicial de sa très
grande majesté, lequel est Nostre Seigneur Jésus-Crist, qu'i[l] ne trouvera
entre les hommes plus de foy, plus de charité, d'amour, plus de frater-
nité, et que l'iniquité abondera, et la charité totalement sera refroidie.
Alors la justice sera dépossédée de son bien, en nul ne la voudra loger ;
car, pour la grande iniquité des hommes qui ayment mieux l'or et l'argent
que de faire l'administration de justice, la corrompront et la conver-
tiront et la pervertiront; ce que l'on voit pour le présent à bord et à
bas bort, de tort et de travers, ce leur est tout un, mais qu'ils amassent
or sur or, argent sur argent, maison sur maison, terre sur terre ;
sans avoir égard à sa vie laquelle est éternelle, ni au jugement dernier
et advenir. Alors quand justice, comme dit est, n'estant plus en son
lieu, et n'estant plus en la terre, le fils de Dieü viendra la remettre, et
faudra devant luy que les plus grands monarques se presentent, tant
empereurs que rois, et générallement toutes nations et toutes gens de
tous estats, de quelque qualité qu'ils soient, depuis le plus grand jusques
au plus petit ; et là, devant ce grand juge, leur faudra rendre compte de
leurs œuvres propres.

CHAPITRE III.

———

Pour reprendre ce qui est advenu depuis l'an 1562, lesdits calvinistes voyant qu'ils estoient déchassés de Rouen, s'en allèrent par le pays de Normandie assembler des forces des leurs, et amassèrent une armée, tans d'allemans que anglois et escossois, auprès de Dreux, auquel lieu, l'an 1563, au mois de septembre, ils donnèrent bien à faire en une bataille qui fut là faite, en laquelle il mourut, d'une part et d'autre, 12 à 13,000 hommes, tant nobles qu'autres. A la fin le roy, à l'ayde des bons gentilshommes d'armes crestiens, et specialement de par le seigneur duc de Guise, il demeura vainqueur. Du depuis ils ne se sont contentés encore, ces hérétiques, ayant perdu cette bataille, sont encore retournez en Allemagne, en Angleterre et Ecosse, après avoir presque détruit la Normandie, et sont revenus avec l'admiral de France, seigneur de Chatillon sur Saine, et ont amené les allemands par le pays de Champagne qu'ils ont destruit, de là sont passés la rivière de Loire , par une ville nommée la Charité. D'un autre côté ont fait venir par la mer d'Angleterre et d'Ecosse, passer à la ville de la Rochelle en laquelle les hérétiques sont bien venus ; aussy sont-ils en ladite ville de la Charité et plusieurs autres lieux de France , qui sera cause de la perdition dudit royaume et de tous autres qui les seconderont. Ayant passé d'un costé par la Charité et d'autre part estant entrés par la Rochelle , ils s'emparèrent d'une ville de leur couleur, nommée Sancerre, et de la bonne ville d'Orléans en laquelle ils ont détruit les temples l'an 1564 , et spécialement celuy de sainte Croix qui estoit fort honorable et antique ; le prince de Condé estoit alors dedans , je ne scay sy ce fut par son commandement ou par ledit admiral. Cependant ladite ville fut aussy assiégée par le roy, à l'aide dudit duc de Guise, lequel fut empoisonné (*assassiné*) par un qui fut envoyé d'Orléans, et se nommoit Poltrot, qui est un nom d'excellent méchant homme , et vint remarquer ledit duc de Guise , qu'il frappa en trahizon , estant auprez des vignes d'Orléans, en lui faisant une caresse, luy disant qu'il avoit esté l'un des hommes le plus son familier , et autres pindarises qu'il contoit audit duc de Guize ; et, sur ces entrefaites, ne se donnant de garde dudit traistre , il fut frappé en son espaulle d'un coup de pistolet, dans lequel il y avoit trois balles envenimez ; auquel lieu ledit duc n'estoit couvert, car alors il n'avait que son corcellet. Cecy doit bien faire apprendre aux hommes de guerre qui sont belliqueux, ainsy qu'estoit ledit duc de Guise l'un des plus martiaux de France en son temps, de se donner de garde , et d'estre peu famillier de tels qui sont corrompus et de ceste sente , car ils sont pleins de fraude et d'iniquité.

Après ce coup fait par ce traistre Poltrot, le duc de Guise trespassa, six ou sept jours après, et laissa deux fils que j'estime qui le seconderont. Ce bon prince deffunt avait soustenu un siége , durant son vivant, dedans la ville de Metz , contre l'empereur Charles V[e] ayant plus de 60,000 hommes avec luy, plus de 4..... [1] Le seigneur de Guise , colonal, fit si bonne défence et donna tel ordre dedans Metz, que ledit empereur partit de devant avec une grande perte de ses gens sans rien faire.

[1] Quelques mots sont laissés en blanc dans le Ms.

Du depuis le dit duc de Guise ayda par industrie à prendre Calais, ville de la comté d'Oye[1], prez Boullonnois qui bourne le pays de France, près le destroit d'Angleterre, laquelle ville de Calais les Anglois usurpoient sur les roys de France, il y avoit plus de 260 ans. Car plusieurs princes du sang royal de France s'estoient maintes fois efforcés de la ravoir, ce qu'ils n'avoient sceu faire. Toutesfois ce prince de Guise, du règne du roi Henry IIe de ce nom, en vint audessus et print ladite ville de Calais. Ce traistre Poltrot qui le fit mourir fut pris tost après, et fut convaincu du crime, et après fut demembré par quatre chevaux dedans Paris; et son corps et ses membres par pièces jettés dedans le feu, comme l'ayant bien mérité.

Le roi Charles, fils du roy Henry IIe de ce nom, succèda son frère nommé François qui n'avoit regné que trois ans[2] après son père Henry; car sa vie luy fut abrégée par les Calvinistes, desquels il vouloit faire faire exécution durant son vivant, comme son dit père Henry luy avoit recommandé.

Le roy Charles n'avoit que sept ou huit ans lorsque Rouen fut prins à l'ayde du duc de Guise. Les hérétiques Calvinistes voyans que ledit seigneur de Guise estoit mort et qu'on ne leur fesoit plus teste, mesme que le roy estoit en bas aage, ils sortirent d'Orléans et fouragèrent tout le long de la rivière de Loire, et ont destruit les pays de Berry, du Mayne, d'Anjou, de Poitou, de Périgor, de Pologne[3], de Limosin, et de Languedoc. Et faut entendre qu'il n'y a, tant aux villes qu'aux champs, temples, monastères, ny abbayes qui ne portent leurs marques; et Dieu connoist les insolences et les cruautés qu'ils ont commises en ces lieux, lorsqu'ils ont eu la force, et durant que ce roy Charles a esté en minorité, car nul ne leur résistoit, et faisoient ce qu'ils vouloient, réservé en Bretagne où un seigneur de Martigues fut fait collonel d'une

---

[1] Oye, petite ville de Picardie, à deux lieues de Calais, possédant un château fort, avec le titre de comté.

[2] François II ne régna qu'un an et cinq mois.

[3] C'est sans doute par erreur que la Pologne se trouve ici indiquée; l'auteur voulait peut-être parler de la Sologne, ou mieux encore de la Saintonge, enclavée dans les provinces citées.

armée, contre ces Calvinistes; car ils osèrent aller assaillir la ville de Poitiers, et durant que leur force a regné quatre ou cinq années se sont écoulées. Or, en ce temps, les enfans deviennent gens.

Le roy Charles, son frère Henry, les deux fils de feu le duc de Guise, le fils du comte de Brissac, et le frère du duc de Guise, comte d'Aumalle, antien capitaine de guerre, s'associèrent ensemble, qui furent au dit lieu de Poitiers où estoient les Hérétiques campés, et furent chassés de là par les dits seigneurs, et furent poursuivis jusqu'à Moncontour, auquel lieu il y eut une forte bataille donnée allencontre d'iceux, où le frère du roy faillit à demeurer. Le prince de Condé, qui estoit de la part des Hérétiques, y fut tué et plusieurs de part et d'autre, avec un grand nombre d'Allemans, d'Anglois, Escossois et François de leur secte, qui tombèrent et passèrent misérablement par l'espée et par le canon. Après cette secousse le reste se retira devers le pays de Languedoc et en Auvergne, avec ledit admiral, et un nommé le seigneur d'Anville, et le seigneur de Meau son frère, tous deux enfans du Connestable, seigneur de Montmorency.

Les Calvinistes voyans qu'ils avoient le vent au visage et qu'il n'y faisoit plus bon pour eux, ils ont tant fait par trahisons clandestines, qu'ils ont fait tous mourir les princes cy devant nommés, reservé les deux fils du deffunt duc de Guise.

Or le roy, qui tost après fut marié à la fille de l'empereur le roy de Boësme, leur commença à faire la guerre, et fit tant qu'ils reprindrent plusieurs villes que les dits hérétiques tenoient de force, entre lesquels, Saint Jean d'Angely, Montauban et la Rochelle furent assaillis, l'an 1570. Et devant Montauban le seigneur de Martigues fut fait mourir en trahison. Et devant Saint Jean d'Angely fut aussy tué le comte de Brissac, jeune de 22 ans, autant hardy que les armes, et fut frappé en la teste d'un coup de mousquet, en parlant au capitaine qui estoit au dit lieu dedans Saint Jean d'Angely. Et le seigneur comte d'Aumale estant devant La Rochelle, allant parler à ceux de dedans, sous leur assurance et leur foy, fut aussy fait mourir auprès de la Porte neuve, en parlant, d'un coup d'arquebuze qui luy fut tiré de la ville. Voilà comme les fidèles Calvinistes ont tenu toujours leur fidélité à tous ceux qui les contestent, et qu'ils connoissent avoir puissance de les contester et résister.

Ils auront tous fait finir leur vie par trahison. Quand les seigneurs devant nommés furent décédés, le roi Charles IXe de ce nom pacifia avec les hérétiques Calvinistes, et leur permit de prêcher et de faire à leur mode, à la charge qu'ils n'offenceroient en aucune façon les ecclésiastiques, et n'empêcheroient le lieu où se fait le service divin. Alors ils commencèrent à faire leurs simagrées, et à faire bastir quelques granges, en des places, pour les retirer, où ils ont régné quelque temps. Mais ce n'a été sans grande crainte du peuple qui connoist leur déception et méchanceté, qui ne sauroient endurer de ces hérétiques, car dedans Rouen, lorsque la publication de l'édit de janvier fut fait, le même peuple et le commun de la ville allèrent faire les feux de telle pacification, et bruslèrent tous les livres bons et mauvais. Il fust envoyé des soldats et plusieurs gentilshommes d'ordonnance afin de reprendre les dites places avec du canon, lesquelles coustèrent, tant au roy qu'au peuple de la Basse Normandye, une infinité d'argent. Le dit lieu de St Lo fut assiégé premièrement, et mit-on le canon devant. Un nommé le seigneur de Collombier, avec le dit Montgommery, estoit dedans, et le défendirent vaillamment de toutes leurs forces, pour ce qu'ils voyoient bien que c'estoit leur fin, ce qui fut bientot après. Car la dite ville de St Lo fut prise d'assault, où le dit Collombier fut tué. Le dit Montgommery se sauva par la fuite et entra au chasteau de Dompfront, auquel lieu il fut assiégé par M. de Matignon, pour lors grand gouverneur de la dite Basse Normandye, et prit le dit chasteau, auquel Montgommery fut pris et mené dedans Paris, où il fut décapité. Il avoit esté capitaine pour le roi Henri IIe, et de grandes affaires, tant en Pérosse qu'en Italie. Contre luy le dit roi Henri voulut tirer à la lance, mais fortune qui renverse toujours les plus grands et les plus forts, fit voller un esclat de lance en l'œil du dit roi, dont il mourut. Cettuy Montgommery avoit tenu le fort contre le roi Charles IX dans Rouen, et depuis à St Lo et autres places. Voilà pourquoy il eut la teste tranchée, et à cause aussy qu'il estoit l'un des chefs des Calvinistes. Qui voudra considérer qu'il faut que les hommes qui tombent en ce labyrinthe aient commis des péchés inconnus et secrets par lesquels le diable les tient enlacés et ferrés en ce damnable péché d'incrédulité.

Le diable ne laissant point ces incrédules hérétiques en repos, ils machinèrent en plusieurs villes, comme Paris, Rouen, Orléans, Lion, Tou-

louze et autres villes grandes, où ils conspirèrent de surprendre les Crétiens catholiques, et mettre tout au fil de l'espée. Le roi en fut adverty,
sur la fin de l'année 1572 ; lors, considérant une sy damnable entreprise,
il fut en secret commandé par toutes les villes de les rechercher pour
enquester la vérité de telle entreprise. Et plusieurs en furent, par les
grandes villes de France, emprisonnés. Il est vray que ceux qui par argent faisoient faire la voye, n'estoient pas mis en prison. C'estoient les
principaux qui par ce moyen échappèrent. Or, quand la vérité fut dé-
couverte, il fut commandé, pour afin d'éviter le coust des exécutions
qu'il eust convenu payer pour les faire pendre, [qu']on les fit mourir par
toutes les villes de France où l'on en sçut recouvrer ; mais les riches, comme
j'ai dit, échappèrent par un pont d'argent, et les pauvres furent mis à
mort. Icy il semble que ce soit une histoire qui ressemble à celle de
Naman et de Mardochée, car Naman conspiroit secrétement la mort des
Juifs qui pour lors estoient en Babylosne. Et lorsqu'ils les pensèrent faire
mourir, par providence divine, le roi commanda, en révoquant la sen-
tence qu'il avoit donnée à faire mourir tous les Juifs, qu'on mis à mort,
dedans la grande ville de Suze, et autres lieux, tous ceux qui estoient
ennemis des Juifs, et lesquels avoient machiné leur mort ; ce qui fut
fait.

Environ l'an 1572, les seigneurs de Polongne, en grand aparat, vindrent
à Paris et requirent le frère du roy Charles IX.e de France, et fut esleu
le dit frère nommé Henri, roy de Polongne. Et fit une entrée au dit lieu
de Paris ; après alla en Polongne et n'y fut guère long-temps, car sytost
qu'il fut party le roi Charles mourut. On dit qu'il fut empoisonné au
bois de Vincenne, et ne régna que treize ans. Le dit Henri roy de Polongne a commencé à régner l'an 1573. On estimoit en France qu'il
remettroit tout en quelque bon estat. Depuis que son reigne a commencé
on a laissé les dits Calvinistes en leur opiniastreté, à cause qu'il a commandé de les laisser vivre en leur liberté. Plusieurs personnes, connais-
sans la vie qu'ils mènent en secret, les ont guettez pour vivre de meil-
leure sorte.

Depuis le dit temps 1573, les Calvinistes ont, en Flandre,
Brabant et aux Pays-Bas, fait des insolences exécrables. Et quelque
puissance que le duc d'Albe et le roy Philippes d'Espagne aient seu
faire, ils ont argent renvoyé à l'armée des Espagnols qui estoit par deçà,

conduite par un capitaine nommé Jullien de Roumiers. Au lieu de luy vint un nommé dom Jean d'Autriche, vaillant homme, qui leur fit bien la guerre, car les Calvinistes firent amas de toutes leurs forces, tant Allemands, Anglois, François, que Escossois, contre luy. Le dit Jean les combattit près d'un lieu nommé Géblou (Gembloux) et en défit près de cinquante mille, et perdirent la dite bataille les dits Calvinistes, l'an 1577. On dit que le duc domp Jean d'Autriche estoit frère bâtard du roi d'Espagne, fils de l'empereur Charles décédé. Le dit Jean d'Autriche, ainsy qu'on dit, fut empoisonné auprès de Namur. Vous voyez que ceux qui leur résistent, comme ils les font mourir : les uns en trahison, les autres par poizon. Sitost qu'il fut mort, les Calvinistes ont commencé à faire du pays de Flandre, de Brabant et autres lieux, ainsi qu'ils ont fait en France, en Normandie, à sçavoir : à destruire les temples, abbayes et monastères. Et faisoient entendre du commencement au Pays-Bas, que c'estoit une guerre que là menoient pour la liberté de la patrie, et par leur cautèle ils firent condescendre les estats des dits Pays-Bas à leur volonté. Mesmes les ecclésiastiques s'accordèrent de leur ayder contre les gens du roi Philippes, disans que ce roy vouloit avoir la dizième partie de leurs biens, et qu'il ne falloit pas permettre cela, et que le roy estoit un tiran, et qu'il ne luy falloit pas obéir. Plusieurs du dit pays se sont ligués avec les dits Calvinistes, lesquels ont bien veu depuis à quelle fin ils prétendoient venir, car c'est un pays à présent misérable, désollé; toute la beauté des dits Pays-Bas est presque effacée. C'estoit un pays autant beau qu'il estoit possible de voir, et les personnes bonnes gens. Mais, depuis que cette malheureuse racine d'erreur calviniste a pris terre en ce pays, les hommes y sont devenus les uns anabaptistes, les aucuns athéïstes, les aucuns libertins. Ils sont meslés de plus de vingt sortes d'opinions; il y a un vitrier et un orfebvre chefs de deux diverses sortes d'hérésie nouvelle, les uns georgistes, et les autres martinistes du nom. Depuis la mort du dit Jean d'Autriche, il faut noter que cinq nations diverses se sont liées ensemble pour parvenir à leurs fins, qu'il faut nommer. Les premiers ce sont les ivroignes Allemands, les libertins Anglois, les avaricieux Ecossois, les voluptueux François, les audacieux Italiens, lesquelles nations par une maudite opiniastreté qui comme une graine semée en terre s'est multipliée et dillatée, en diverses régions, au grand péril de ce pauvre misérable monde; tellement que le diable a gagné presque toute l'Europe, et ne reste que peu de bonnes personnes, tout ainsy quasy que lorsque le déluge vint par les eaux, ainsi que Moïse le descript en son premier livre de l'Exode; et on ne voit plus que la volupté, la curiosité et la mondaineté respandues sur la surface de la terre. Et semble que la grande porte de lasciveté soit ouverte à toute sorte de vices et d'iniquitez, sans avoir honte, crainte, ny l'honneur devant les yeux.

On voit comme la jeunesse révère les antiens, laquelle est dominée d'une estrange volupté non accoustumée de voir; et, comme Dieu ne leur fait plus atteindre l'aage que les hommes du temps passé approchoient, même que la doctrine tant humaine que les antiens apprenoient aux jeunes gens s'est oubliée, car il n'est plus de mention, lorsque le midy sonne et à l'heure de sept heures au soir, prier Dieu comme l'an faisoit. Mesme, il n'est plus de mention, devant ny apprès le repas, de prier Dieu comme l'an souloit faire. Voilà ce qu'apporte la secte calviniste, et celle de Jean et de Jérosme Hues, allemands [1]; mesme celle de Viclef anglois, celle de Collampole [2] italien, celle de Martin Luther de Genève et celle de Bullius [3] ministre de Zurics. Calvin estoit françois et le plus pernitieux de tous, car c'est lui lequel a blasphêmé de l'eucharistie, et contre l'ordonnance du Nouveau Testament de notre Seigneur Jésus-Christ. Les autres hérétiques s'en sont plus déportés que le dit Calvin, toutefois sont tous divers d'opinions, et confondent les uns les autres. Cela est une certaine probation que leur doctrine n'est point de Dieu; aussi à leurs œuvres on connoit quels ouvriers ce sont.

Depuis l'an 1557 jusqu'en 1580, ils ont poursuivi leur folle opiniâtreté, quelques raisons très péremptoires qu'on leur ait mises devant leurs yeux. Cela est une certaine probation qu'ils sont délaissés de Dieu; mais leur superbe arrogance leur voile le cœur tellement, qu'ils ne peuvent ou ne veulent entendre raison.

Aussi en cet an 1580, la pestilence, qui ne s'engendre que de frayeur, de faim, de pauvreté, de morte-gaingne, qui s'engendre de tailles,

---

[1] L'auteur veut parler de Jean Hus et de Jérôme de Prague.

[2] OEcolampade.

[3] Nous ne connaissons point de réformateur du nom de Bullius; l'auteur voudrait-il parler de P. Brulius qui fut brûlé à Tournay en 1545, pour cause de protestantisme?

de subsides, d'impôts, de monopoles et autres semblables larcins, toutes ces choses sont toutes causes de faire venir en toutes provinces la mort et la destruction du peuple. Et, pour entendre la corruption incurable de ce misérable corps et l'état auquel il est, il faut la mettre sur un théâtre, et que le saint et parfait chirurgien divin, qui sait justement sonder toute plaie, et fussent-elles jusques au cœur, visite ce corps, depuis en commençant au chef et achevant par tous les membres. Il trouvera, au chef, les yeux qui doivent estre la lumière, tous couverts de regards lubriques et corrompus, et de ténèbres d'ignorance; les deux oreilles toutes assourdies d'une vaine arrogance, et d'une folle orgueilleuse outrecuidance. Et, quant aux cheveux, vous les voyez aux hommes de présent ainsi faits que le cerveau, éventés desdits vents; tantost sont longs, tantost sont courts, et puis frisés, puis reversés de guigo (guingois) ou de travers, et de tant de façons qu'ils ne les savent en quel estat mettre. Et quant à la barbe, tantôt elle est à demi-rasée d'un costé, tantost courte et longue ensemble, puis rase toute, reste la lèvre de dessus; en telle façon que ladite barbe montre apertement le vrai évent de leur cerveau, car estant contre nature, leurs faces ne se peuvent tenir en estat honneste. Et quant aux femmes, elles font encore pire, à cause de leur léger sexe : car les unes eslèvent leurs cheveux en telle façon qu'il semble mieux de leur teste, une teste de blin (bélin, *mouton*) à tout ses cornes, qu'une teste de femme. Le chef est accommodé de telle façon pour le jourd'huy qu'il semble mieux d'une teste barbare, turquesque, contrefaite, qu'une teste crestienne. Après, regardés à ce chef, la bravée dissolution et la superbe pompe, en habits faits de la sueur et vigilance du peuple.

Dieu, père de lumière, voit assez clairement dedans ce corps toutes les dites parties qu'ils sçurent trouver chez les libraires de la couleur des Calvinistes qui se tenoient pour lors à Rouen. Et n'y avoit homme assez hardy qui osast y mettre remède, pour ce que la fureur du populaire estoit fort échauffée, et ce sans juste cause que le peuple dudit Rouen est irrité contre eux; car plusieurs jeunes hommes connoissant que leurs pères, parents et amis, après avoir usé leur jeunesse et employé le temps soigneusement pour acquérir un peu de bien, pour subvenir à leur grande vieillesse, voyant qu'ils avoient tout perdu, cela leur estoit cause de leur fureur. Toutes les villes de France ont esté gardées du sac des soldats, reste Rouen lequel a pellé l'oignon , qui fut un extrême dommage, et , sous correction , une telle ville ne devoit estre livrée au pillage , à cause que c'est la plus grande et la métropolitaine de la province, laquelle s'estend fort loing. Car elle contient sept contrées : il y a Normandie haute et Normandie basse ; la grande rivière de Seine passe entre les deux. D'un costé Haute-Normandie, contient le pays de Caux, qui est une contrée et un bailliage. Après, le pays de Brie, une contrée et un bailliage : Gournay et Neufchastel. Après, le pays du Vexin normand, qui s'estend jusques à Pontoise, estant une contrée et un bailliage de Gisors. En ce pays, il se trouve de vaillants soldats. Après, est le pays du Perche, qui est grande contrée, et le bailliage d'Evreux. De l'autre costé de la rivière, est la Basse-Normandie, où sont la contrée du pays d'Auge et le bailliage de Lisieux. Après, est la contrée du Bessin et le bailliage de Caen. Et après, est la contrée de Costentin et le bailliage de Coustance. Et après , est la contrée de la Hague et le bailliage de Vallongues. Et en toute la Haute et Basse-Normandie il se trouve cinquante-deux villes fermées, desquelles Rouen est la capitale et celle où la Cour du Parlement est establie, avec un bailliage qui s'estend fort loin. A cette cour il faut que lesdits bailliages dessus nommés respondent et obéissent au Parlement. En cette province de Normandie Haute et Basse sont un archevêché où le siége archiépiscopal est audit Rouen ; auquel archevesque six évesques sont sujets de répondre, à savoir : l'évesque de Bayeux, l'évesque de Lisieux, l'évesque d'Evreux, l'évesque Séez, et l'évesque d'Avranches , plus, l'évesque de Coustances ; laquelle ville de Coustances on dit que l'empereur Constantin l'a fait bastir le temps passé, à cause que lorsqu'il régnoit, il vint espouser en la Grande-Bretagne, que, pour le présent, on nomme Angleterre, la fille du roy.... nommée Hélène. Et pour lors les Romains avoient, par toutes les provinces, la superintendance sur les nations de l'Europe. Cela peut véritablement faire conjecturer qu'il est ainsi, car, de Coustance, il n'y peut avoir que deux lieues jusques à la coste de mer, qui n'est qu'à sept lieues d'une isle de Gersay, qui dépend du pays d'Angleterre. Ce que nous ne disons pas pour estranger le discours des hérétiques , mais c'est à cause qu'ils disent qu'il n'est point d'histoires véritables que la sainte escriture. Je connois pour certain qu'on doit adjouter foy à la sainte escriture; mais la foy qui s'y adjouste ne destruit pas les autres

escritures qui sont laissées à la postérité par les antiens autheurs, gens
de bien.

Ce n'est point sans juste occasion que le populaire de Rouen a esté et
est encore irrité contre les hérétiques Calvinistes. La perte de leurs biens,
les injures qui leur ont esté faites, et l'extrême et calamiteuse pauvreté où
les Calvinistes les ont fait tomber, est [assez pour] que leur plaie saigne
longtemps. C'est grande pitié que de voir d'antiennes personnes ayant
en leur jeunesse d'un grand soin fait comme le fourmi, qui ne cesse l'esté
d'amasser sa petite provision pour vivre l'hiver ; ainsi grand nombre
de gens de mestier, artisans et autres, avoient amassé quelque peu de
biens en leur jeunesse pour vivre en repos en la faible vieillesse, qui
perdirent tout au sac de la ville. Et faut-il dire qu'un conseil a fait
comme celui qui mange son foye, son poulmon et ses entrailles, et ne
lui demeure entre les parties nobles que le cœur ; et ne lui reste que
cela à nourrir, et cependant tout le pauvre corps à la république languit
en misérable pauvreté.

L'estat de la ville de Rouen a ouvert sa gueule bien large. Plusieurs
ont tenu les bords du sac qui ne s'en sont retournés les mains vuides, et
les avoient tellement pleines qu'ils ne savoient comprendre le bien
qu'ils ont pris ; car qui trop embrasse mal estreint. Ceux de Paris,
marchands, et autres y accouroient pour achepter des marchandises du
sac qui estoit plein, et ont emmené par bastelets les biens de ceux de
Rouen en leur ville de Paris, comme s'ils eussent esté conquestés en un
pays estranger. Cela est tenu pour recongnu. Ceux de Paris ne le sauraient renier ; aussi jamais n'aymèrent le pays de Normandie, ni les
habitants dudit pays. Et semble qu'il y ait quelque inclination de nature
qui les incite à telle haine sans aucune raison, chose très malheureuse.
Et pourtant je veux poser ici ce que la Normandie aporte à ce peuple
inepte de Paris, presque sot de nature. Aussi faut que je dise ce que
le pays de France fait aporter à la Normandie, pour savoir certainement lequel est plus tenu à l'autre.

Premièrement, la Normandie est bornée de la mer toute d'un costé,
car, depuis la ville d'Eu et la rivière de Seyne, jusques au Pont-
Orson, dernière ville de Normandie, qui bourne en la Bretagne, toute
cette coste, qui contient en passant le Havre de la Ville-de-Grâce et
Honnefleur qui se présente vis-à-vis, a près de deux cents lieues, en

comprenant les bouches des rivières qui, du long des costes de Normandie, tombent en la mer. Je laisse à estimer qui sont ceux qui
cultivent la mer en ce costé-là. Il faut donc concluire que tout le
poisson qui se porte à Paris est pêché par les Normands, qui, journellement, se mettent en extrême danger, pour fournir une partie de la
nourriture au peuple de Paris et autres lieux.

Et après, il faut prendre garde qui sont ceux qui vont aux bacallos,
qui se nomment les Terres-Neuves, quérir une infinité de molues (morues)
qui s'apportent à Rouen pour envoyer à ceux de Paris. Et le grand nombre
de beurre qui procède de la Basse-Normandie, mesme du pays de Bray
au bailliage de Neufchastel, qui leur est porté tous les ans. Et après le
merveilleux nombre de bestiaux qui partent engraissés du pain de
Normandie, et qui, de semaine en semaine, sont menés du Neufbourg à
Paris. Et après faut regarder journellement le grand nombre de la vo-
laille, tant du pays de Caux que de la Basse-Normandie, qui se porte
en somme, par chevaux, audit lieu de Paris. Après, faut regarder le merveilleux nombre de suif qui leur est porté, par la rivière de Seine, audit
Paris. Et après faut regarder pour les cuirs tout tannés qu'on leur
porte, tant de Rouen que de l'environ : Conches, Verneuil et Breteuil,
pour Paris seulement. Et après faut regarder l'infini nombre de harencs
qui sont portés à ce Paris, depuis le mois de septembre qu'ils partent
de Rouen, jusques au mois d'avril, tous les ans, et qui sont portés par
la rivière de Seine, en barril, jusqu'audit lieu de Paris. Sans les draps
de Rouen, de Dernestal et d'Elbeuf, qu'on leur porte pour les vestir.
Considérés, je vous prie, ce que les hommes de Normandie font à ce
peuple. On leur porte tout ce qu'il faut pour l'entretenement de leur
vie et du vestement, depuis le pied jusqu'à la teste ; reste le vin. Et
de tous les biens qui partent de Normandie, pour en rendre grâce à
Dieu et aux Normands, ils ne disent que des iniques pouilleries.

Il faut regarder en quoy la Normandie est tenue au pays de France.
C'est qu'il descend, par la rivière de Seine, une infinite de ponçons,
plains de vin, lesquels, quand ils sont vuides, on leur reporte plains de
sel. Et tout partant de Rouen pour porter en ce pays de France, on
peut dire : si tant de biens et de vivres sont portés de Normandie en la
France, il faut que l'argent et le paiement de tant de vivres et d'autres
marchandises, soit aporté de France en Normandie ; cela est vrai. Mais

ce paiement de l'or et d'argent estoit-il en France ? D'où est-ce qu'il vient ? On sait bien qu'il n'y a point de mines d'or, d'argent, cuivre, plomb ni estain, en ce pays ; d'où est-ce donc que tous tels métaux procèdent ? D'où sont-ils tirés ? En quels fourneaux sont-ils affinés ? Hélas ! au creuzet de ce pays de Normandie ; de la peine et du travail des Normands. Puis tout est fondu et affiné en ce pays de France ; c'est là que s'en retourne tout. Quant un creuzet plain de métaux est au fourneau, il ne se peut retirer du feu sans les tenailles ; voilà de quoi ceux de Paris en partie payent ce qu'on leur porte. Je laisse maintenant à penser lequel c'est de France ou de la Normandie, lequel est redevable et le plus tenu l'un à l'autre. Et toutefois, de ce peuple de France, il ne peut sortir une gracieuse parole de sa bouche, qui dise quelque bien des Normands, ni de Normandie. Si est-ce qu'elle est assez grande pour estre mariée à un roi ; si elle estoit réduite en royaume, elle croistroit encore.

Retournons au sac de Rouen, qui fut vuidé en partie à Paris. Pour lors le peuple de Rouen n'estant coureur, autant d'hérétiques qui revenaient à Rouen après estoient envoyés en Paradis en poste. C'estoit horreur des meurtres qui se faisoient encore. Les Calvinistes vouloient persister en leur secte, car en un mois de mars 1570, ils firent un presche au village qui se nomme Bondeville, à une lieue de Rouen, d'où ils revindrent fort échauffés ; et prez une porte Cauchoise, mirent les mains aux armes, à cause qu'il y eut quelque peuple qui ne se peust contenir de leur reprocher. Ils en frappèrent quelques-uns ; alors ce bruit volla dedans la ville, qui fit sortir les plus hatifs qui coururent sur ces hérétiques et en abattirent viron 60 ou 80. Voillà le fruit qu'apportent leurs presches. Du depuis, le duc de Montmorency ameùa à Rouen quelque nombre de gens de cheval et de pied, soldats, qui firent mourir neuf ou dix pauvres garçons catholiques. Ceux qui les condamnèrent estoient de la couleur des Calvinistes et ne vállent rien.

Un an devant le dit presche de Bondeville, il fut donné un arrest à Paris, le XIII jour de septembre 1569, contre l'admiral nommé Jaspard de Colligny, seigneur de Chastillon, chef et conducteur des hérétiques, par lequel il fut dit qu'il seroit pendu en effigie, au dit lieu de Paris, en une potence, à cause qu'il n'estoit prisonnier ; et ses armoiries traisnées par les vories de la ville et faux-bourgs, et ses enfants déclarés innobles, villains et roturiers. Le dit admiral a esté celui lequel a fait destruire tant d'églises, tant de monastères et d'abbayes qu'on voit, pour le jour d'hui, toutes désolées par le pays de France. Et si a fait mourir une infinité de prebtres, de moines, et autres personnes de la religion crestienne. C'est celui qui a fait venir les Anglois par deux fois en France et les infames Allemands, qu'ils appellent raistres, qui comme la vermine ont partout brousté ce pays de France. C'est celui qui fit venir le prince d'Orange, un malheureux chef des dits Calvinistes, qui vint de Flandre estant chassé du dit pays, lequel acheva de brouster ce pauvre pays. Et Jaspard de Coligny est celui qui débaucha la jeunesse de la noblesse du pays de France, et les incita à l'ensuivre, dont la plus grande partie sont péris misérablement, tant par le canon que par l'espée.

Après le dist arrest, il fit encore pire que par devant, car il se retira devers Lion, et sur les passages de la rivière de Loire, où plusieurs bons marchands ont été pillés tellement, que, long-temps, les marchands n'osoient aller ni venir par le dit pays de Lion. Et les chartiers mesmes, longue espace de temps, sans charier, à cause qu'ils estoient vollés de leurs marchandises avec charettes et chevaux.

En ce mesme temps la ville de Dieppe et la ville du Havre faillit à être livrée aux dits Anglois, en ung jour de chandeleur. Mais Monsieur de la Millevaye, homme de bien, catholique crestien et de noble maison, descouvrit la trahison, et fist sortir de Rouen, par M. de Carouge, pour lors gouverneur au dit Rouen, quelques mil hommes, tant de pied que de cheval, la nuit du dit jour de la chandeleur. Et furent les conspirateurs de la trahison pris, dont l'un fut un nommé le seigneur de Linebœuf, un nommé de Calville, et plusieurs autres, tant du pays de Caux que de Dieppe et du Havre, qui furent, après, exécutés au dit lieu de Rouen, les uns décapités et les autres tous pendus, en divers jours. Après telle chose, toutes les villes, chacun endroit soy, se donna de garde des hérétiques. Mais il est bien tard de fermer l'establc, quand le cheval est perdu. Aucuns disent que le dit admiral avoit brassé telle chose avec les Anglois, pour avoir secours d'iceux; et si ils fussent parvenus à ce qu'ils prétendoient, tout le pays estoit en grand péril; car le Havre est la bouche de la Seine, où il faut que tous les navires qui montent en amont pour venir à Rouen, passent; et de Rouen portent les marchandises par le pays de France, et de Dieppe ils vont aussi par les pays de Picardie et de Champagne. Cela eut esté une grande confusion pour tous les pays; mais Dieu eut pitié du paouvre peuple, pour lors tant désollé par la guerre, et par les chertés des vivres qui durèrent cinq ans, qu'il ne sçavoit plus mettre les pieds l'un devant l'autre.

Ledit an 1570, le roi Charles, IXe du nom, voyant que les Calvinistes estoient si pernitieux et cauteleux, leur permit de rechef de vivre en leur liberté, et sans rechercher leur conscience, qui est ce qu'ils veulent. Mais tout homme qui fait bien, et qui veut bien loyalement et fidèlement vivre, il ne craint rien. Le Roi leur ayant accordé cela, ils faisoient les bons vallets et demandèrent permission d'aller combattre le duc d'Albe, pour lors estant en Flandre, qui faisoit la guerre à ceux de leur secte, ce que le Roi en partie leur accepta, moyennant certaine condition qui leur estoit déclarée. Ils s'assemblèrent près de dix mille qui passèrent pour entrer en Haynault, par le pays de Guise, et de là passèrent par un village nommé Quevrains [Quiévrain], entre Mons et Valentiennes, et furent arrestés en un chasteau, par un nommé M. Des Voix, gentilhomme dudit pays. Cependant le coup, des Espagnols et ceux du pays leur livrèrent la bataille près d'un estang où est le chasteau de Boursu et Saint-Quelein, à deux lieues de Mont en Haynault, auquel lieu ils furent combattus vivement, et il en demeura près de la moitié, et la plupart furent noyés, et les autres pendus; et leur capitaine nommé Quélus, fut pris, mené en la citadelle près d'Anvers, où il a esté décapité avec d'autres de sa couleur. Le reste d'iceux qui échappèrent, s'en revindrent en partie tous nuds en France. Le roi Charles, voyant qu'ils n'avoient pas fait ce qu'ils pensoient, afin de les tenir encore en paix, fit faire déffenses de leur rien reprocher, ne dire aucune chose l'un à l'autre, et les laisser vivre en leur liberté.

Cependant le Roy accorda au Roy de Navarre sa sœur en mariage, lequel fut fait à Paris l'an 1571, où tous princes et seigneurs furent semons pour se trouver à la fête; ceux mesmes qui avoient esté ennemis et rebelles contre la majesté du Roy y furent semons; car le Roy leur avoit fait abollition de toutes leurs fautes. Alors se trouvèrent audit Paris, l'admiral seigneur de Chastillon, le seigneur de la Rochefoucault et son fils, le comte de Montgommery et plusieurs autres, lesquels estoient les chefs de la secte Calviniste. Or, estant à Paris durant cette feste, voullant par leur arrogance, ainsi qu'ils sont partout su-

perbes , on dit que le capitaine Pillée voulut offenser des gens de la
garde du Roy. Ce Pillée estoit celui qui tint fort dedans Saint-Jean-
d'Angely, où le comte de Brissac , vaillant prince et jeune, fut tué.
Ce capitaine Pillée estoit le plus famillier de l'admiral , c'estoit celui qui
faisoit le pas devant. Or, entre lui et les gens de garde querelle se
mit, et tirèrent les uns contre les autres on ne sait pourquoi. Sur ces
entrefaites , le frère du roy Charles, armé, qui vouloit sçavoir que
c'estoit, leur commandant de part et d'autre de mettre les armes bas ,
ce que les Calvinistes ne vouloient faire , plusieurs fois ledit frère du
Roy fut parler à eux, pour pacifier leur querelle et les appaiser. Ils n'en
voulurent rien faire. Ledit seigneur frère du Roy, voyant qu'ils ne
lui voulloient obéir, se retira, et cependant leur querelle augmenta ,
et tuèrent quelques-uns de la garde du Roy , ce qui lui fut rapporté.
Alors, il commanda de prendre ceux qui faisoient cette sédition ; les
Calvinistes se mirent en déffense. Comme ces choses se faisoient (tant
plus on met de bois en ung feu , tant plus il s'échauffe , et tant plus sa
flamme s'étend loing) le Roy voyant qu'ils usèrent de résistance , commanda qu'on les prist morts ou vifs. Alors on prit des forces , et furent
les portes de Paris closes partout, afin de les arrester pour en faire la
justice ; ce qu'ils ne voulurent endurer, et tout autant qu'il en fut
trouvé ce jour , dedans Paris, de la secte calviniste, qui se mettoient
ou s'estoient mis en défense, on les mettoit à mort. Ledit Pillée y fut
tué, son monsieur l'Admiral, le seigneur de La Rochefoucault et son
fils , et plusieurs qui mirent la main aux armes , pour telle hastive querelle. Ce n'est point discrétion à tels seigneurs de grande et noble maison
comme ils estoient, de se mesler pour des soldats. Voyant à Paris que
tels seigneurs mettoient la main aux armes et qu'ils avoient long-temps
fait la guerre contre le roy, on doutoit à Paris qu'ils ne voulussent
forcer toute la ville qui, peut-estre, eust esté mise en proye, sy la force
leur fust demeurée. Cela fut cause, pour conserver une telle ville que
Paris, que plusieurs villains hommes aidèrent à la garder d'un sac,
laquelle chose eüst esté une grande confusion pour le roy et pour le pays
de France, et mesme pour toutes les autres contrées circonvoisines.
Je crois que telle furie vint plus tost par permission divine que autrement, car ceux qui y moururent avoient commis des maux exécrables
en France. Quand cette querelleuse sédition fut passée à Paris, ledit

comte de Montgommery ne se trouva point sous les coups et monta hastivement à cheval, lequel, avec ceux de sa secte, alla surprendre en la Basse-Normandie la ville d'Alençon, de Saint-Lo, de Carentan et de plusieurs autres places.

Cette corruption a ouvert la porte à toute volerie; car, pour ce jour d'hui, toutes gens de guerre, tant de cheval que de pied, sous l'ombre de l'autorité d'icelle, pillent, vollent, desrobent à toutes mains le pauvre peuple qu'ils ont mis au néant, tellement qu'on aime mieux, pour le présent, les ennemys étrangers que les soldats de la patrie. Il y a le plus grand désordre par le pays, et telle confusion entre eux, par les insolences qu'ils font aux pauvres gens de village; que ce n'est plus que tyrannie; et sous ce manteau de guerre, ils vollent, ils pillent grands et petits, détroussent et tuent les bons marchands, et brigandent partout sans répréhension nulle. Et leurs capitaines participent aux larcins que leurs soldats font. Et par ce moyen ils leur donnent pleine licence de faire pillages, voleries, assassinats, rançons et briganderies, sur le peuple et sur les marchands. Et le tout se fait, comme dit est, sous le manteau de guerre. Hélas! Dieu connoit pour quelle cause on fait cette couverture. Ce n'est que pour avoir occasion de piller et de voler, et voilà tout ce que nous aporte cette damnable hérésie calviniste. Elle a ouvert la grande porte en général à toutes gens méchants qui n'ont loy, ne foy, ne roy, encore moins de Dieu, ni sa crainte devant leurs yeux; tellement qu'on peut véritablement dire que le malheur est deslié, et l'abomination est étendue sur toute la terre, tant que toutes honnestes vertus sont en vauderoute. Les soldats, volleurs et brigands, ont trouvé une nouvelle parricide façon d'avoir l'argent de toutes gens. Aux uns ils baillent les tortures, et leur mettent la main dedans une mortoise, et là dedans, avec la main de celui qu'ils veulent voler, ils passent un coin de bois, tellement qu'ils froissent tous les os de la main d'un homme, s'il ne leur baille de l'argent. Aux autres, ils mettent la main à leurs vaches, en disant des blasphêmes exécrables, qu'ils couperont la langue aux dites vaches si on ne leur baille de l'argent. Aux autres gens laboureurs qu'ils pensent estre saisis d'argent, ils prennent leurs enfants aagés de 10 ans, et les descendent en un puits avec une corbeille, et leur font boire à tous leurs amis, si on ne leur baille de l'argent. Aux autres paouvres gens de village qui cachent sy peu de meubles qu'ils ont,

ils pendent d'une corde les paouvres hommes au gond où tient la cré-
mayer, en les tenant ainsi pendus pardessous les aisselles; et lors estant
ainsi pendus à la cheminée, ayant les paouvres hommes déchaussés,
il est pris par les dits soldats, volleurs et brigands, de la paille à laquelle
ils mettent le feu, sous les pieds du pauvre homme, pour lui faire confesser en quel lieu sont ses meubles et son argent. Ce que je dis est véri-
table; car, pour avoir commis tels actes, il en a été exécuté à Rouen à la
mort. Ils font une façon de crime aux pauvres gens de village quand ils
ne trouvent personne aux maisons; ils bruslent au feu leurs couches de
bois, les coffres, quand ils ne trouvent rien dedans, et toutes les usten-
siles de bois servant au mesnage des dits pauvres gens. Si j'estois d'ici à
un an à descrire les malheureuses actes des soldats, je n'en saurois venir
jusques à la fin, car ce que j'ai descrit en ce présent chapitre, n'est
que cela dont j'ai connaissance. Est-ce pas un horrible désastre que
d'endurer une telle désolation en un royaume de France, là où sont tant
de cours de Parlement, tant de bailliages, tant de vicomtés, tant de hau-
tes justices, moyennes et basses? Et de quoi servent-ils, ces sauterelles
qui dévorent ce qui se trouve échappé de la tempeste, du feu et de la
gresle? Hélas! que fera désormais le pauvre misérable peuple? Car il faut
tenir ceci pour constant qu'à l'advenir il recevra pire, à cause qu'il n'y a
nul qui les supporte, ni qui aient pitié du pauvre peuple. L'on voit les
abbayes, monastères toutes désolées, auxquelles on faisoit grandes
aumosnes le temps passé, que les gentils hommes qui estoient charitables
de leur temps, ont laissé des biens aux dites abbayes, afin que les dites
aumosnes fussent continuées; et, pour le présent, tout le revenu des
paouvres est dévoré par un plaisant courtisan ou par quelques mignons,
ou par un incognu qui baille et vend tout le revenu du crucifix à quelque avocat ou procureur de cour, ou à quelque usurier, ou quelque
marchand qui prend à toutes mains par une cupidité insatiable; et il ne
faut plus que le peuple s'attende d'avoir d'autres reignes, car de charité il n'en est plus; elle est toute à la bourse. Je croy qu'il n'y a point de
remède.

Sy nous ne voyons ce qui advint du temps que régnoient en France
le roy Charles sixième, et en Angleterre le roy Richard, de Bordeaux,
lesquels roys laissèrent périr leurs royaumes, en l'an 1380, par telles
désolations qui se faisoient, tant en France qu'en Angleterre, lesquelles

de présent sont pareillement commises; qui leur feront perdre tout, ainsi qui firent les roys de ce temps prédit ci-dessus, comme a escrit amplement messire Jean Froissard, historien du temps dessus dit. On ne voit que pauvres peuples par les champs, emportant sy peu de meubles qu'ils peuvent avoir dedans les bois ou en quelque caverne, avec si peu de bestial qu'ils ont ; car, aussitost qu'on oit parler qu'il vient des soldats en quelque village que ce soit, il faut que le peuple s'enfuye de la voye de ses ravisseurs , lesquels dérobent tout et ne trouvent rien ny trop léger, ny trop pesant. Tout leur est bon, et encore après avoir tout ravi, vollé, aux paouvres gens et aux riches qui vont par les villages , ils les contraignent, à leur département , de leur payer la rançon à laquelle ils les ont taxés; autrement, ils les battent et les tirent à coups d'arquebuses. Quelle horreur et désolation est cela ! Encore ce n'est pas tout ! Après cela , ils sont travaillés de subsides, de doubles tailles , de rebiots [1], de charrettes, de chevaux et de pionniers qu'il faut que le peuple fasse à ses dépens. Comme il est possible d'y subvenir ? Voilà ce qui fait tellement abolir le commerce, que nulle marchandise n'a plus de reigne. Ainsi tout s'en va périssant, réservé ceux qui tiennent les forces (*ciseaux*), lesquels sont officiers qui coupent et taillent par où bon leur semble , et, par ce moyen, ont tout l'or et tout l'argent, avec toutes terres et possessions grandes. Car, allez de quelle que part que ce soit, sy vous demandez : à qui est ce beau chasteau , cette belle grande terre ? On vous dira, c'est à un président, ou à un conseiller , ou à un advocat , ou à quelque officier qui suit la Cour du Roy. Et tous ces riches ici se sauvent des assassinats des soldats, et le pauvre peuple a la décharge de tout. Depuis que les erreurs ont été suscitées par les Calvinistes, il n'a point esté d'autre reigne , lequel continue encore. Toute lasciveté est empreinte au cœur des hommes efféminés qui règnent à présent , et principallement à ceux lesquels ont commandement sur le peuple ; car, en ces dernières années 1578 , 79, 80 et 81, les soldats, les capitaines et autres de telle qualité font tout ce qu'ils veulent sans nulle répréhension. C'est, pour le présent, au plus fort la pouche ; et en quatre années , l'une ensuivant l'autre , aussitôt qu'ils ont vu les grains, les vins et toutes sortes de fruits cueillis et mis en grange et à profit, il n'y a que ravissements,

---

[1] Les glossateurs ne donnent point le sens de ce mot.

assassinats et volleries par toute la France. Car cette année 1581, aux mois de janvier, février, mars et avril, ils ont fait tant de violence partout, que les diables en ont horreur. Ils ont fait des inhumanités exécrables au mois de mars; en sorte que, le propre jour de Pasques, qui fut le 26 de cedit mois, les esléments estoient tellement irrités, que les vents, ce propre jour, abattirent en plusieurs lieux une infinité d'arbres, sans les maisons, moulins à vent, et plusieurs clochers qui sont tombés par terre, lesquels ont tué et blessé un grand nombre de personnes en divers lieux, tellement qu'il y a, par plusieurs contrées, une perte innombrable. C'est une calamité indicible de ce que les vents ont abattu audit jour de Pasques, et faut bien croire que Dieu tout-puissant est amèrement courroussé du méchant gouvernement qui règne à présent sur la terre; prions Dieu qu'il lui plaise appaiser son courroux.

En cette année 1581, les chefs et les capitaines des Calvinistes, anabatistes, libertins, athéistes, espicuriens, et toute telle manière de gens furent laissés aller courir tant en ce pays de France, Normandie, que par le pays de Flandre, et pillèrent tellement le peuple partout, qu'il falloit que chacun, par les champs, s'enfuyt aux villes fermées, à tout le peu de bien qu'ils avoient. Voilà l'apport de l'hérésie de Calvin et ses semblables, et tout le bon fruit qu'a fait et produit ladite hérésie, qu'ils appellent religion.

On voit clairement que contre les horribles crimes qui se commettent, les élements sont irrités, les vents, les tremblements de terre, les eaux qui se sont eslevés en cette présente année 1582, par deux fois, lesquels ont dévoré plusieurs personnes en divers lieux; il ne reste plus que le feu et l'air à montrer leur courroux. Quant à l'air, il commence à frapper de pestilence, comme chacun connoist assez, en plusieurs contrées; car, en l'année 1580 et 81, il est assez connu comme l'air a frappé sur Paris et à Marseille, en Italie, en Dauphiné, à Lion et en Auvergne. Maintenant l'air frappe les Pays-Bas, comme Navarrois, Braban, Flandre, Haynault, Artois, Picardie et Normandie, pour les grandes iniquités qui règnent sur la terre.

En l'an 1583, ceux qui se disent ministres de justice firent des pollices, pensant résister contre la contagion pestilente qui augmentoit journellement en plusieurs lieux de la France; ce qu'ils ne sçurent faire, car il est impossible de résister à Dieu, ne contre les flambeaux par lesquels il chastie le mauvais monde. Les gens avec leur grandeur ne peuvent rien contre la force de Jupiter, car les pollices qui furent faites causèrent plus grandes pestilences que devant, pour ce que les personnes agitées de cette calamité, tant par les champs que par les villes, estoient captives et enfermées dans leurs maisons, et outre ils n'estoient sollicités de nuls, et tenus délaissés, en telle nécessité, de chacun. Je laisse à considérer à toutes d'entendement, que peut apporter la captivité et telle rigueur, aux paouvres gens attédiés par la violence de peste, qui n'est autre chose que la sagesse de Dieu, ainsi que le roy David atteste. Qui sera donc celui qui pourra résister au Dieu Tout-Puissant, devant lequel on ne peut résister à son courroux, ne fuyr sa présence; ceux qui ignorent sa puissance, estiment qu'elle n'est pas partout, je dis que sy est: soit en terre, soit en mer, soit en l'air et au ciel, et en toutes resgions son indicible puissance est étendue. N'estimons donc pas resister contre icelle, car s'il plait au grand Dieu que peste frappe les mauvais, toutes les pollices ni les polliciens n'y sauraient faire que bien peu de chose. Mais les ministres de justice, craignans pour leurs offices, estats et grands profits qu'ils ont, en les exerçant, leur font redouter telles maladies de peste, à cause que le plus souvent elle apporte la mort; et ceux qui sont épris des voluptés mondaines et des richesses terriennes, qui n'ont espérance qu'en la félicité des dites richesses, ont une merveilleuse horreur de ce genre de mort; cela leur semble bien amer. C'est pourquoy ils ont fait telles pollices, sans avoir esgard à la calamité ni à l'affliction, misère, facheries, faim, frayeur et pauvreté que la peste apporte aux pauvres gens lesquels en sont agittés.

Extrait du Chartrier de la paroisse Saint-Vincent de Rouen.

Sera noté que le dimanche 3 mai 1562, aucuns séditieux eux disants de la nouvelle religion, pour lors en ceste ville de Rouen, après eux estre précédemment, par force et violence, saisis des armes et hostel commun d'icelle ville, se seroient, ledit jour mesme, le lendemain

et autres jours ensuivants, pareillement saisis des esglises parrois-
sialles, relligions et autres lieux saints et sacrés de cette ville, et
entre autres de cette paroisse de Saint-Vincent, en la quelle, comme
aux autres, ils auroient violemment rompu le Saint-Sacraire, basti en
singulière somptuosité et beauté, abbattu et brisé tous les images
d'icelle église, cassé les vîtres en plusieurs endroits, rompu et dé-
moly les autels, fonds baptismaux, et la plupart des tombes, et
brisé le pavé d'icelles; bruslé, devant ladite église, les corpóraux,
ornemens, tapisseries, linges, luminaires, livres à chanter et autres
choses destinées au service divin; rompu et pareillement bruslé
les coffres, bancs et siéges d'icelle, desrobé et pillé les croix et
calices, encensoirs, reliques, chopinettes et autres argenteries en
grand nombre et grosse valeur; pris et démoli les corolles de cuivre,
tant de l'enclos du chœur que du maître autel; dépendu et desrobé la
plus part des cloches d'icelle, et encore avec tout cela, avoir esté
dérobé ce présent livre chartrier d'icelle paroisse; et icelui, après la
prise de cette ville faite par le roi, le lundi 26 octobre ensuivant, audit an, a esté porté en la ville de Pontoise. Dont et de quoi ad-
vertys, aucuns des antiens trésoriers et parroissiens d'icelle, par aucuns
leurs amis dudit Pontoise, qui leur avoient mandé que le dit livre
chartrier estoit audit lieu, ès mains d'un nommé Guion à Poil, de
l'estat de marchand de vin, suivant la cour du Roi, estant alors en
ladite ville, avoient iceux parroissiens, vers la fin de décembre, audit
an, envoyé un nommé Guillaume Abaquesne, de ladite paroisse,
au lieu de Pontoise, pour cedit livre réclamer et rachepter, et à lui
baillé deniers, pour ce faire. Lequel Abaquesne, après estre arrivé audit
lieu, se serait retiré vers ledit Apoil, auquel il disoit avoir fait plusieurs
remontrances de la pauvreté de la dite esglise ainsi pillée, comme dit est,
luy priant en avoir pitié, et soy contenter gracieusement de quelque
modérée somme. Esquelles prières et remontrances, il n'avoit voulu
avoir aucun esgard; et avoit icelluy Abaquesne esté contraint, par
voye de Justice, lui en payer la somme de soixante et huit livres quinze
sous, sans en ce comprendre 7 livres 18 sous, qui a esté payée audit
Abaquesne, pour sa peine et dépense dudit voyage; et partant, a esté
frayé en tout, pour la recouvrance dudit livre chartrier, la somme
de..LXXVI l. XIII s.

Rage et furie des Huguenots dans les paroisses et monastères, tant hors que dans la ville de Rouen, en 62 et 63.

—

Les Carmes.

Premièrement, aux Carmes ils se jettèrent, et après avoir ravagé dans le chœur, où leurs marques paroissent encore, aux siéges des religieux, qu'ils coupoient la tête et défiguroient les visages qui sont aux bancs et siéges, et de plus ils bruslèrent plusieurs pièces de tapisseries antiennes qui dépendoient du monastère, avec autres ornements qu'ils réduisirent en cendres devant le portail. Et de plus, prindrent un petit garçon, cuisinier de ce monastère, et le menaçant avec feinte de le poignarder, luy firent confesser où estoient les ornements et sacrés vaisseaux d'icelle esglise. L'appréhension qu'ils lui donnèrent lui fit découvrir une niche, dans leur jardin, où, peu devant le désastre, les religieux avoient enfoui leurs ornements dans terre; et fut trouvé ce trésor de sacrés joyaux qui furent prophanés par les mains de ces tigres; et ne laissèrent arrière leur librairie qu'ils brulèrent, et plusieurs images qu'ils abattirent; de plus, des saintes relliques antiennes qu'on vénéroit avec grand honneur dans cette église.

Les Jacobins.

Les Jacobins se sentirent de leur fureur, où l'on voit leur marque bien évidente derrière leur cloistre. Premièrement, ils bruslèrent leur bibliothèque et ne laissèrent rien dans l'église, que les murailles en pauvre équipage. Plusieurs ornements et reliquaires furent par eux pris.

Les Augustins.

Les Augustins ne purent éviter les violences de ces rebelles, car le chœur de l'église a senti la rage de ces loups. Les bancs et siéges des

religieux furent coupés en plusieurs façons; principalement les images
et amortissements de leurs siéges paroissent encore comme ils les ont
laissés. De plus, prindrent un *ecce homo*, comme l'on voit au portail,
à présent, où ils passèrent une corde au col, et le tirassèrent et trais-
nèrent par plusieurs endroits de leur esglise, avec ignominie et injures
contre l'image du Sauveur.

FIN.

DES TROUBLES DU CALVINISME A ROUEN.

Les historiens de Rouen ne nous ont laissé que des renseignemens assez vagues et assez peu détaillés sur l'époque si dramatique des troubles du calvinisme à Rouen ; Farin, ce *principium et fons* de toute histoire de notre ville, n'en dit presque rien dans son principal ouvrage ; et, dans sa *Normandie Chrétienne*, il ne parle guère que des ravages commis par les religionnaires dans la Cathédrale et dans l'abbaye de Saint-Ouen. Pommeraye, dans son histoire de Saint-Ouen, donne bien aussi quelques détails sur les pillages que les calvinistes exercèrent en 1562 à Saint-Ouen, mais son récit ne s'étend guère hors de cette époque et au-delà de cette enceinte. Ce serait en vain qu'on chercherait, dans l'*Histoire des Martyrs persécutés et mis à mort pour la vérité de l'Évangile*, de Crespin et Simon Poulard, voire même dans *l'Histoire des Églises réformées de France*, de Théodore de Bèze, autre chose que quelques faits détachés ; enfin, l'*Histoire de la persécution de l'Église réformée de Rouen*, du ministre Legendre, n'a, comme on sait, trait qu'à l'époque qui suivit la révocation de l'édit de Nantes. Il ne reste donc que Pommeraye, qui, dans son *Histoire de la Cathédrale de Rouen*, se soit occupé avec un peu d'étendue de ce curieux sujet. Les chapitres XV — XX de son premier livre sont, en effet, une histoire assez complète du calvinisme à Rouen ; toutefois, en lisant sa narration rédigée d'après des documens originaux et des mémoires particuliers qu'il cite à chaque instant, on pouvait regretter que ces témoignages contemporains ne fussent pas parvenus jusqu'à nous. Nous avons eu le bonheur de retrouver un de ces Mémoires particuliers ; c'est celui que Pommeraye désigne ainsi, page 126 de son ouvrage : *Un autre manuscrit qu'une personne de qualité garde dans son cabinet, et dont il m'a donné communication*, etc. L'identité est facile à constater par les fragmens textuels cités çà et là dans les chapitres de Pommeraye. La copie que possède la Bibliothèque de Rouen a été transcrite d'après un manuscrit déposé jadis dans les archives du Chapitre de la Cathédrale ; et le copiste l'a glissée dans un choix d'extraits des registres de l'hôtel-de-ville. Rien de plus diffus, de plus délayé, il faut en convenir, que cette narration, rédigée par quelque bon bourgeois de Rouen, furieux catholique, qui a toujours, au service de sa haine, un inépuisable vocabulaire d'injures contre les protestans ; les réflexions, les digressions allégoriques, les divagations à perte d'haleine, étouffent trop souvent les faits positifs ; et, malgré notre désir de tout conserver, nous avons bien été contraint de faire, par-ci par-là, quelques coupures à travers les ambages circonlocutoires et les parenthèses sans terme de notre singulier historien. Toutefois, le bon grain, quelque peu purgé de cette ivraie envahissante, méritait de figurer dans une collection de documens sur notre histoire locale; c'est le récit d'un témoin oculaire, et ce genre de témoignage est toujours d'une haute valeur aux yeux de la critique historique. D'ailleurs, notre narrateur a de l'originalité jusque dans sa bizarrerie, et l'explication qu'il donne du massacre, ou plutôt, pour parler comme lui, de l'échauffourée de la Saint-Barthélemy, est une des plus singulières versions qui aient été produites à propos de ce fatal événement.

A. P.

VIII

JOURNAL

D'UN BOURGEOIS DE ROUEN

IX

PASSAGE DE JACQUES II

A ROUEN